故事里的
中国历史

Gushi li de Zhongguo Lishi

路樊 编著

隋、唐

民主与建设出版社
·北京·

图书在版编目（CIP）数据

故事里的中国历史 . 7，隋、唐 / 路樊编著 . -- 北
京 : 民主与建设出版社，2022.12

ISBN 978-7-5139-4029-0

Ⅰ . ①故… Ⅱ . ①路… Ⅲ . ①中国历史—隋唐时代—
青少年读物 Ⅳ . ① K209

中国版本图书馆 CIP 数据核字（2022）第 212694 号

故事里的中国历史 · 隋、唐
GUSHI LI DE ZHONGGUO LISHI SUI TANG

编　　著	路　樊	
责任编辑	郝　平	
封面设计	书心瞬意	
出版发行	民主与建设出版社有限责任公司	
电　　话	（010）59417747　59419778	
社　　址	北京市海淀区西三环中路 10 号望海楼 E 座 7 层	
邮　　编	100142	
印　　刷	唐山楠萍印务有限公司	
版　　次	2022 年 12 月第 1 版	
印　　次	2023 年 2 月第 1 次印刷	
开　　本	880 毫米 × 1230 毫米　　1/32	
印　　张	5	
字　　数	75 千字	
书　　号	ISBN 978-7-5139-4029-0	
定　　价	358.00 元（全 10 册）	

注 : 如有印、装质量问题，请与出版社联系。

目录
Contents

第 1 章 "昙花一现" 的隋朝

1

第2章　李氏父子创大唐

第3章　一代明君唐太宗

第4章　独一无二的女皇帝

第5章　成也玄宗，败也玄宗

第6章　大唐走向了下坡路

第7章　朱温来了，大唐没了

隋、唐

公元 581 年——公元 907 年

隋唐历程

隋朝创立

公元 581 年 2 月，北周静帝禅位于丞相杨坚，北周灭亡。隋文帝杨坚定国号为"隋"。公元 589 年，隋军南下灭陈，统一中国。

李渊建唐

公元 618 年，隋恭帝杨侑禅位于李渊，李渊称帝，建立了唐朝，定都长安。李渊就是唐高祖。

玄武门之变

公元 626 年，秦王李世民发动政变，史称"玄武门之变"。不久，唐高祖退位，李世民做了皇帝，年号贞观。

贞观之治

公元 627 年—公元 649 年，唐太宗李世民在位期间，出现了政治清明、经济复苏、文化繁荣的治世局面，史称"贞观之治"。

安史之乱

公元 755 年 12 月，唐朝将领安禄山与史思明发动叛乱，史称"安史之乱"。

朋党之争

唐朝后期，以牛僧儒为首的官僚集团和以李德裕为首的官僚集团，开始了长达近四十年的斗争，又称"牛李党争"。

黄巢起义

公元 878 年—公元 884 年，黄巢领导了农民起义。这也是唐末民变中，历时最久、遍及范围最大、影响最深远的农民起义。

朱温灭唐

公元 907 年，朱温逼唐哀帝禅位，唐朝灭亡。朱温改国号为"梁"，史称后梁，历史进入了五代十国时期。

隋唐历程

第**1**章

"昙花一现"的隋朝

有言在先

　　因为颜值问题，杨坚成为北周皇帝眼里的"危险分子"。但杨坚是个命硬的人，总能化险为夷。熬死了两个北周皇帝后，杨坚最终从外孙北周静帝手里抢夺了江山，建立隋朝，统一中国，开创了"开皇之治"的盛世局面。

　　虽然杨坚是个靠谱的皇帝，却摊上了一个不靠谱的儿子——又是三征高丽，又是铺张出游，十多年时间，就将丰厚的家底掏空了，直接导致了农民起义的爆发和隋朝的灭亡。隋朝，也成为昙花一现的短命王朝。真可谓"来也匆匆，去也匆匆"。

故事万花筒

谁命硬，谁就当皇帝

故事主角： 杨坚

故事配角： 杨忠、北周武帝、宇文宪、赵昭、宇文赟等

发生时间： 公元 568 年—公元 581 年

故事起因： 杨坚几次遭到北周皇帝怀疑，都度过了险关

故事结局： 杨坚抓住难得的机会，代周建隋，成为隋朝的
开国皇帝

　　隋朝开国皇帝杨坚，是名副其实的"官二代"，他的父亲杨忠是北周的大功臣。父亲杨忠死后，杨坚承袭了父亲的爵位，开始步入官场，成为皇帝身边的人。

　　常言道："伴君如伴虎。"杨坚每天在帝王身边，小心谨慎，生怕哪里出了岔子，小命就交待了。他尽管做事很小心，但奇特的长相，害得他差点丢了命。

5

齐王宇文宪看不惯杨坚，就在武帝宇文邕（yōng）面前打小报告，说："杨坚相貌古怪，而且很狡猾，恐怕不是一般人，应该尽早除掉。"宇文邕一听宇文宪的相面推理，有些不淡定了。

　　是杀还是留，是个艰难的选择题。为了求证答案，武帝便问计于来和。来和是个聪明人，做啥事都留一手，他撒谎说："杨坚虽然面相古怪，但人品却是可靠的。"

杨坚很丑，要不要杀了他？

武帝宇文邕听了，还是不放心。

武帝思来想去，就私下派人把算命先生赵昭请来。武帝不知道赵昭与杨坚关系很好。赵昭装得一本正经地对武帝说："皇上，请不必多虑，杨坚的相貌没有什么

我觉得他是一个好人。

特别，最多也就是个当将军的命。"杨坚躲过了一劫。

武帝宇文邕死后，他的儿子宇文赟（yūn）即位。杨坚的长女杨丽华被封为皇后，杨坚也晋升为柱国大将军、大司马。

后来，宇文赟也将杨坚视为威胁，他曾威胁杨皇后说"我一定要消灭你们全家"。为试探这个老丈人，宇文赟在皇宫内埋伏杀手，再三叮嘱说："只要杨坚有一点反常的举动，立即杀了他！"然后找个理由召杨坚进宫。杨坚早有防备，不管女婿怎样刺激他，他都保持沉静，使宇文赟毫无下手的机会。

杨坚心想，纵然我有九条命，也不够这么玩的。惹不起，还躲不起？杨坚通过内史上大夫郑译，向宇文赟透露出自己的出藩（出任地方长官）之意。宇文赟当即大手一挥：批准。这样宇文赟也放心了。

宇文赟是个沉迷酒色、暴虐荒淫的主儿。后来，他觉得当皇帝太烦累，竟提前退位，将皇位让给六岁的儿子。自此，他每日吃喝玩乐，22 岁时就死了。

机会难得，公元 581 年，杨坚迫使自己的外孙静帝退位，自立为帝，改国号为隋。

陈后主败光了江山

故事主角：陈叔宝

故事配角：杨坚、杨广、杨素、江总、孔范等

发生时间：公元 582 年—公元 589 年

故事起因：南陈王朝后主陈叔宝荒废朝政，沉迷酒色，给了隋朝可乘之机

故事结局：隋军南下攻破建康，俘虏陈后主，隋朝至此统一全国

公元 582 年，南陈王朝后主陈叔宝登基。别看先辈们艰苦创业，很会过日子，但这陈叔宝却反其道而行之。

陈后主登基后，从不过问国事，只知喝酒玩乐，怎么高兴怎么来。他每次与宠妃们举行酒宴，为了活跃现场气氛，总把一些酸腐的文人臣子召来，没日没夜地喝酒吟诗。诗出来了，还要配上曲，再来个阵容庞大的"演唱会"。

腐朽的南陈王朝，已成为隋文帝垂涎的一块"大肥

肉"。朝中宰相向隋文帝献策说："每年逢江南收获时节，我们便四处扬言说将攻打陈，他们必然放弃农事进行驻防，这样他们的粮食便会减产。如此再三，他们的防备必将松弛，我们便可以趁机过江攻陈。"隋文帝听了很高兴，就采纳了此计。

公元 588 年，隋文帝造了大批战船，派他的儿子晋王杨广、丞相杨素担任讨陈元帅，带领 51 万大军，分八路向南陈扑来。当告急的警报传到建康时，陈后主正跟宠妃、文臣们饮酒狂欢，根本没把警报当回事。

公元 589 年正月，当隋朝大军一齐向建康扑来时，陈后主才如梦方醒。这时城里还有十几万人马，但没有会带头打仗的将军，陈后主索性来个赶鸭子上架，让宠臣江总、孔范等去带兵打仗，结果一败涂地，隋军很快攻进了建康城。

隋军打进皇宫，搜了半天也没有找到陈后主。后来，捉住了几个太监，才知道陈后主躲到后殿的井里去了。

隋军兵士来到后殿，这里果然有一口井。往下一望，是个枯井，隐约看到井里有人，就高声呼喊，让井里的人出来。井里没人答应。兵士威吓着大声说："再不出来，我们就要扔石头了。"说着，拿起一块大石头放在井口，做出要扔的样子。

此时，井里的陈后主吓得哇哇尖叫起来。兵士把绳子丢到井里，把陈后主和他的两个宠妃拉了上来。此时的陈后主满脸苍白，目光呆滞，吓得瘫在了地上。

南朝的最后一个朝代陈朝就此灭亡。中国自从西晋灭亡起，经过 270 多年的分裂局面，又重新获得了统一。

隋文帝：将反腐进行到底

故事主角：隋文帝

故事配角：杨勇、杨浚、杨素等

发生时间：公元 581 年—公元 604 年

故事起因：隋文帝杨坚登基后，非常节俭，严惩贪官污吏

故事结局：在隋文帝的励精图治下，出现了"开皇之治"
的盛世

　　隋文帝杨坚登基以来，总觉得自己得到天下太容易
了，担心有人不服，所以一直保持着高度的戒备状态。
毕竟打江山容易，守江山难。为了能够长治久安，他总
结出了两条经验：第一条是节俭；第二条是严惩贪官污吏。

　　有一次，隋文帝患了痢（lì）疾，御医为他配制了止
痢药，药方中有胡粉，可是找遍了宫中都找不到。还有
一次，隋文帝想要一条衣领，宫中也没有。隋文帝曾经
教导太子杨勇说："自古以来的帝王，奢侈（shē chǐ）
就一定不能长久，你一定要厉行节俭。"

为了整顿吏治，隋文帝建立起了对官吏的考核制度，对清廉的官吏赐帛（bó；丝织品的总称）赠田，晋级加官；对贪官污吏则严加惩处，派亲信严密侦察百官的行为，有时甚至还暗暗派人向一些官吏行贿（huì），他们一旦接受贿赂（lù），就会立即被处死。

后来，隋文帝发现儿子杨浚（jùn）生活奢侈，修建了很多宫室，于是大怒，下令将杨浚抓起来，给予惩

贪官都得死。

罚。大臣杨素劝谏说，对杨浚的处罚太重了。隋文帝却说："皇子与百姓只有一个法，如果不这样，岂不是要再立一个皇子之法了吗？"

从此，朝廷内外形成了一种简朴清廉的风气。杨坚在位二十多年，在他的精心治理下，人民安居乐业、政治安定，开创了"开皇之治"的盛世。

爱旅游的"皇二代"

故事主角：隋炀帝

故事配角：麻叔谋、运河两岸百姓等

发生时间：公元 605 年—公元 617 年

故事起因：隋炀帝三次巡游江都，劳民伤财，大肆挥霍，给运河两岸百姓造成了灾难

故事结局：农民起义的烽火燃遍长江南北，隋王朝统治处于危险边缘

　　隋文帝死后，儿子杨广抢夺了皇位，是为隋炀（yáng）帝。隋炀帝一生最大的爱好便是"旅游"。隋炀帝曾四次北游、一次西巡、三次游江都，开启了一场场说走就走的旅行。

　　隋炀帝每次出游，大小船只数以千计，运河两岸百姓要负担各种劳役。上到皇帝、下到贵族官僚，挥霍无度，以至于隋炀帝每次出游都好比蝗虫过境，走到哪里，哪里的百姓就被洗劫一空，悲惨的百姓们怨声载道。

隋炀帝曾镇守过江都，因此对江都情有独钟。隋炀帝第一次巡游江都时，下令建造了龙舟、楼船等大小船只数千艘。所造的龙舟高 15 米、宽 17 米、长 67 米。龙舟上有四层建筑，最上层是正殿、内殿和东西朝堂；中间两层是用金玉装饰的房间，有 120 间；最下层是内侍宦官居住的地方。此外，还建造了各式各样的船只，数不胜数。

船太大，没有动力怎么办呢？于是就动用八万多的民夫拉船，其规模之大，前所未有。船队绵延 200 多里，当第一艘船已出发 50 多天之后，最后一艘船才从洛阳驶出。

这还不算完，隋炀帝要求船队所经过的地方，方圆 500 里内都必须进献食物。进献食物多的州郡甚至要用 100 辆车来运送。所供食物中，空中飞的、水里游的、陆上走的，无所不有。他还下令营建离宫，所修的离宫极尽奢华。公元 605 年仲夏，隋炀帝从显仁宫出发前往江都游玩，这是他第一次巡游江都。

公元 611 年、公元 617 年，隋炀帝又先后两次巡游江都。隋炀帝第三次出游江都时，农民起义的烽火已燃

18

遍长江南北，隋王朝的统治已岌岌可危（jí jí kě wēi；形容非常危险，快要倾覆或灭亡）。可是隋炀帝只顾个人享乐，根本不顾百姓死活。在游江都之前，停泊在江都的几千艘龙舟全被起义军烧毁了。隋炀帝马上下令重新建造，规格比原来的还要豪华富丽。

隋炀帝的船队从宁陵向睢（suī）阳开进时，常常搁浅，拉纤的民夫用尽力气，一天也走不了几里路。隋炀帝十分恼火，下令追查这一段河道是哪个官员负责开凿的。经查问，原来这个河段的负责人是麻叔谋。于是，隋炀帝下令查办麻叔谋，并将当时挖这一段河道的很多民夫活埋在河岸两旁。

隋炀帝一人出游，几乎全天下的百姓都遭殃。他的游行，给人民带来了深重的灾难，以致百姓没有饭吃，只能剥树皮、挖草根，或者煮土而食，还出现了人吃人的现象。至此，隋朝江山已处于风雨飘摇之中。

翟让遇到了"白眼狼"

故事主角：翟让、李密

故事配角：隋炀帝、张须陀等

发生时间：公元 611 年—公元 617 年

故事起因：李密在瓦岗军里声望很高，翟让就把首领位置
让给李密

故事结局：在部下的怂恿下，李密借喝酒的机会杀掉了翟让

　　在隋末农民起义的浪潮中，李密和翟（zhái）让领导的瓦岗军，是当时起义的实力担当，也是让隋炀帝很头疼的死敌。

　　瓦岗军的首领翟让，原来在东郡衙（yá）门里当差，因为是个直脾气得罪了上司，被关进了死牢。有个狱吏很同情翟让，就偷偷地把他放了。

　　既然不给活路，那就造反。公元 611 年，翟让逃到东郡附近的瓦岗寨，召集了一些贫苦农民，组织了一支

队伍。当地一些青年人听到消息后，都纷纷前来投奔他。农民军到了荥（xíng）阳一带后，队伍已壮大到一万多人。

这时，有一个叫李密的青年前来投奔翟让，并且帮助他整顿人马。李密对翟让说："现在皇上昏庸残暴，民怨沸腾，官军大部分又远在辽东。您手下兵精粮足，要拿下东都和长安，是很容易办到的事！"

接着，两人商量了一番，决定先攻打荥阳。荥阳太守见事不妙，慌忙向隋炀帝告急。隋炀帝派大将张须陀（tuó）带大军前来镇压。

李密请翟让在正面迎击敌人，自己则带了一千人马埋伏在荥阳大海寺北面的密林里。张须陀根本没把翟让放在眼里，莽莽撞撞地杀奔过来。翟让抵挡了一阵，假装败退。张须陀紧紧追赶，路越来越窄，树林越来越密，很快进入了李密布置的埋伏圈。

李密见敌军到了，一声令下，埋伏着的瓦岗军将士奋勇杀出，把张须陀的人马给一窝端了，张须陀也被起义军杀死了。

经过这次战斗，李密在瓦岗军里声望提高了。后来，翟让觉得自己的才能不如李密，头脑一热，就把首领的位子让给了李密。正是这个决定，让翟让把命搭上了。

这之后，瓦岗军又趁热打铁，相继攻下了许多郡县，隋朝官吏士兵纷纷投降。正当瓦岗军发展壮大的时候，内部却发生了变故。翟让让位给李密后，翟让手下有些将领很不忿。有人劝翟让把权夺回来，翟让却总是一笑了之。这些话传到李密耳朵里，李密就犯嘀咕了，他的部下也怂恿（sǒng yǒng；指从旁劝说鼓动别人去做某事）他把翟让除掉。李密于是起了杀心。

公元 607 年的一天，李密请翟让喝酒。在宴会中，李密把翟让的兵士支开后，假意拿出一把好弓给翟让，请他试射。翟让刚拉开弓，李密便暗示埋伏好的刀斧手动手，刀斧手们呼啦啦地围上来，把翟让给砍了。

从此，瓦岗军开始走向衰弱。这时，北方由李渊带领的一支反隋军却日益强大起来。

孙思邈琥珀救产妇

孙思邈（miǎo）是隋唐时期的医药学家，人们尊称他为"药王"。

一次，孙思邈在路上看到一群送葬的人抬着一口棺材，从棺材里渗出几滴鲜血，滴在了路边。这时，走在旁边的老婆婆抹着眼泪说道："我可怜的女儿呀，你怎么死得这么惨。腹中的孩子还没出生，你怎么就死了呢？"

老婆婆说的话引起了孙思邈的注意。他上前问道："老婆婆，到底发生了什么事情，让你哭得如此悲伤？"老婆婆说自己的独生女刚刚难产死了。孙思邈听完老婆婆的哭诉，说道："你的女儿并没有死，我还能把她救活。"

老婆婆一听，便求他救救自己的女儿。

孙思邈让人把棺材打开，将里面的产妇抬出来，并放在平坦的地上，只见产妇脸色蜡黄，没有一丝血色，跟死人一模一样，但还有微弱的脉搏。孙思邈找好穴位，扎了一针，然后给产妇灌了一些琥珀粉。

不一会儿，产妇就苏醒过来，不久后胎儿也顺利地生了出来。母子得救了，大家都十分感激孙思邈。

回去静养几日。

知识补给站

你知道历史悠久的赵州桥吗?

赵州桥始建于隋朝,由著名匠师李春设计建造,距今已有1400多年的历史。该桥是一座空腹式的圆弧形石拱桥,是现存最早、保存最好的巨大石拱桥。赵州桥是古代劳动人民智慧的结晶,在中国桥梁建造史上占有重要地位。

中国古代的科举制度始于哪个朝代?

中国古代科举制度最早起源于隋朝。科举是通过考试选拔官吏。由于采用分科取士的办法,所以叫作科举。具有分科考试、取士权归中央所有,允许自由报考和主要以成绩定取舍三个显著的特点。科举制,使得任何参加者都有做官的机会。

你知道隋大运河吗？

隋朝统一中国后，为了进一步巩固其对全国的统治，发展江淮漕运，增强北方边防力量，从公元584年到公元610年，利用过去开凿的运河和天然河流，先后开凿了通济渠、永济渠，并重修了江南运河，终于凿成和疏通了以国都洛阳为中心，北抵河北涿郡、南达浙江余杭的大运河。

你听说过"楼台牡丹"的典故吗？

杨广好奇花异石，曾携众嫔妃、太监等去西苑游玩，登上玉凤楼，看到牡丹盛开，大家十分开心。但有一妃叹息道："牡丹虽为花中之王，颜色也好，可惜楼太高了，只能俯瞰，辜负了这国色天香！"杨广听了，即命花师栽12棵高株牡丹，违命者斩。众花师吓坏了，最后，他们把牡丹嫁接在高高的香椿树上，结果成功了。杨广看得清楚，不禁龙颜大悦，称其为"楼台牡丹"。

第 **2** 章
李氏父子创大唐

有言在先

　　大隋朝在隋炀帝的手里，被治理得一团糟，隋末的起义事件，更是按下葫芦起了瓢。此时，李渊已是太原的小·霸主，就来了个趁虚而入，骤然起兵，还在发表的檄文中历数隋炀帝的各种不作为，自此与隋朝彻底撕破了脸。誓师后，李渊与长子李建成、次子李世民挥师南下，一路如猛虎下山，势不可当，并最终攻下长安。自此，李渊父子开启了大唐的序幕，开启了统一全国的旷世伟业。

最成功的"伪装者"

故事主角：李渊

故事配角：隋文帝、隋炀帝、史世良、毋端儿等

发生时间：公元 566 年—公元 617 年

故事起因：李渊出身贵族，举止不凡，隋炀帝对其很是猜疑

故事结局：李渊与敌人斗智斗勇，做了太原留守后，集聚了反隋的实力

　　唐朝开国皇帝李渊，是北周贵族出身。因幼年丧父，七岁时，李渊便承袭了父亲唐国公的爵位。但这个小贵族和别的贵族子弟不同，没有沾染任何不良恶习，大有"出淤泥而不染"的君子之态。

　　当时有个叫史世良的人，善于摸骨相面。他曾给李渊相面，对他说道："您的骨骼惊奇，必为一国之主，愿您自爱，不要忘记我说的话。"李渊听了之后，大喜过望，从此更加注意自己的言行举止。

隋文帝时，李渊做了他的"保镖"，为人勤勉，甚得隋文帝喜欢。因为隋文帝的独孤皇后与李渊的母亲是亲姐妹，因此独孤皇后对这个外甥也十分喜爱。凭借皇室的亲戚和自身的才华，李渊在仕途上顺风顺水。

隋炀帝即位之初，李渊在娄烦郡担任太守，后被隋炀帝召回朝中任殿内少监一职。据说有一次，隋炀帝急召李渊觐（jìn；朝见君主）见，李渊惧怕隋炀帝，因此称病没有前去。隋炀帝对他很不满，召来在宫中为嫔的李渊的外甥女王氏。隋炀帝问王氏："你舅舅为何迟迟不肯入宫呢？"王氏低头回答道："舅舅因为得了病，所以没能来。"隋炀帝说道："病了怎么还没有死？"

李渊逐渐感觉到了皇帝的猜忌。为了打消隋炀帝的怀疑，他开始酗（xù；无节制地喝酒，酒后昏迷乱来）酒、受贿，纵情声色，竭力地掩盖自己的真实行为。不仅如此，李渊还不停地把收集到的珍贵玩物进献隋炀帝。渐渐地，隋炀帝也被眼前的景象迷惑了。他认为李渊就是个酒色之徒，不会对自己有什么威胁。

在持续的伪装下，李渊逃过了一劫，而且官运更加亨通。公元615年，李渊奉朝廷之命前往山西镇压农民起义。隋朝的平叛大军抵达龙门时，受到了农民起义军首领毋（wú）端儿的猛烈攻击。李渊当即率兵迎战，将毋端儿打得落荒而逃。

公元617年，李渊被任命为太原留守，成了独踞一方的小霸主。而此时，农民起义的战火已经在各地点燃，各地的有识之士都纷纷举起大旗，反抗隋炀帝的暴虐统治。此时的李渊，决定给即将倒下的隋朝补上一刀。

比武招亲，李渊成了上门女婿

故事主角：李渊

故事配角：窦氏、窦毅、宇文邕等

发生时间：不详

故事起因：隋朝大将军窦毅为给女儿窦氏寻找好夫婿，决定雀屏选婿

故事结局：李渊一箭射中孔雀的眼睛，成功迎娶了传奇女子窦氏

　　隋朝初年，大将军窦（dòu）毅做了一件轰动全城的事——雀屏选婿，这在当时可是少有的新鲜事。窦毅在屏风上画了两只孔雀，表示谁能射中孔雀的两只眼睛，便将爱女窦氏嫁给他。

　　窦氏的父亲是隋朝定州总管，母亲是北周的襄阳长公主。窦氏从小聪明伶俐，读书可以过目不忘，深得舅舅北周武帝宇文邕的疼爱，并常常让她伴随左右。

　　当时北周想收复江南和北齐，所以和突厥的关系比

较微妙。为了获得突厥的支持，北周武帝宇文邕便以"和亲"为由，迎娶了突厥的公主。但宇文邕并不喜欢这位突厥公主，经常冷淡她。

年幼的窦氏见了，对舅舅说："如今国家还不稳定，突厥的支持还是十分重要的。您一定要善待突厥来的皇后，不然日后大乱，民不聊生，请舅舅为天下苍生着想！"宇文邕听了，惊得浑身一哆嗦，于是对窦毅说："此女

夫君，这未必是件坏事。

他们笑话我的长相。

才貌不凡，日后不可随便许配别人。"

时间慢慢过去，窦氏也长成了才貌双全的大家闺秀。为给女儿寻找一个如意郎君，窦毅只得雀屏选婿。当时几十个适龄青年，一一上前尝试，都没成功。轮到宫廷侍卫李渊，他搭箭拉弦，一下便射中了孔雀的眼睛。窦毅见状大喜，当即拍板，这就是自己的女婿了！

婚后的李渊和窦氏十分恩爱。窦氏对书法十分擅长，她模仿李渊的笔迹，达到了以假乱真的地步，因此她常常帮丈夫处理公文。

李渊"高颜面皱"，长相奇特。一次朝会，隋炀帝看到李渊，就当众笑话他长得像老太太。李渊听后十分气恼，回家后便独自垂泪。

窦氏见状，便问他为何神伤，李渊将事情的始末告诉了她。窦氏便劝他："这是好事，应当庆贺，又何必悲伤呢？"李渊不解，窦氏说："你的封号是'唐'，'唐'者'堂'也，阿婆即是堂主，那你就是唐国之主了。"这个解释给李渊带来了重新振作的信心。

　　时间一天天地过去，窦氏一直不离不弃地陪伴在李渊的身边，照顾李渊，安慰李渊，还以她高超的智慧充当丈夫的谋臣和政治顾问。因为有了窦氏的帮助，李渊才一次又一次地逃出险境，得以崛起。

　　窦氏45岁时，不幸得病死了，就这样结束了她传奇的一生。窦氏与李渊育有四子一女，分别是李建成、李世民、李玄霸和李元吉，女儿则是后来的平阳公主。

　　李渊称帝之后，追封窦氏为太穆皇后。李渊后来虽拥有三宫六院，但因为怀念妻子，一直都没有再立过皇后。

最危险的大表哥

故事主角：李渊

故事配角：李世民、刘文静、宋老生、屈突通、隋炀帝等

发生时间：公元 617 年—公元 618 年

故事起因：李渊父子趁局势混乱，在晋阳起兵反隋

故事结局：隋炀帝死后，李渊在长安正式称帝，创立大唐
王朝

公元 617 年，李渊出任太原留守时，晋阳县令刘文静看出李渊胸怀大志，便与其结交，还与李渊的儿子李世民成为好朋友。

后来，刘文静因与瓦岗李密有姻亲关系，被革了职，关进了监牢里。李世民得知后，便赶到牢里去探望老友，并询问他对当下时局的看法。

刘文静早就知道李世民的心思，他说："现在杨广远在江都，李密正进攻东都，正是打天下的好时机。我可以帮您召集十万人马，您父亲手下还有几万人。用这

支力量起兵，不出半年就可以打进长安，取得天下。"

　　李世民回到家，反复想着刘文静的话。正在这个时候，太原北面的突厥发动了进攻。李渊派兵抵抗，却连连失利。李渊怕这件事传到隋炀帝那里，急得不知怎么办才好。

李世民趁机对李渊说："皇上派父亲到这里讨伐叛贼。可眼下造反的人越来越多，您能讨伐得了吗？再说，皇上猜忌心很重，就算您立了功，您的处境也会更加危险。唯一的出路，只有造反。"李渊犹豫了许久，最终听从了儿子的建议。

公元617年，李渊宣布在晋阳起兵，在起兵前的誓师大会上，李渊慷慨激昂地历数了隋炀帝的各种罪状，并声称自己要拯救天下百姓。李渊起兵后，下令打开太原的官仓，救济了许多穷苦百姓。于是，越来越多的人支持李渊，起义军的声势便壮大了起来。

晋阳起兵后，李渊父子的目标就是直取长安，建立新的王朝。听说李渊带兵进攻，隋朝忙派大将宋老生和屈突通分别领兵数万，在霍邑（huò yì；今山西霍州）与河东抵抗李渊大军。

霍邑一战，李渊大获全胜，斩杀了隋将宋老生。随后，李渊乘胜率兵进攻河东郡，屈突通固守河东郡，李渊久攻不下。一看耗不起，李渊便留下部分兵力牵制屈突通，自己率主力部队渡过黄河，直取长安。

李渊父子一路收揽人心，废除了隋朝的严刑酷法，开仓济贫，不断收编关中各地的起义军。很快，李渊、李世民的军队就达到了20万人，并开始围攻长安。

不久，长安城破，李渊率军进入长安，立年仅13岁的代王杨侑（yòu）为帝，而远在江南的隋炀帝在毫不知情的情况下成为了太上皇。

公元618年3月，隋炀帝在江都被部下杀死，隋朝灭亡。不久，李渊在长安称帝，定国号为"唐"。

李世民：要想胜，得玩命

故事主角：李世民

故事配角：薛举、薛仁杲、刘武周、宋金刚、王世充、窦建德等

发生时间：公元 618 年—公元 624 年

故事起因：大唐建立之初，周边强敌遍布，李渊父子决定铲除割据势力，统一天下

故事结局：在李世民的带领下，唐军接连打败强敌，统一全国

公元 618 年，大唐建立起来。此时的唐高祖李渊还高兴不起来，因为天下强敌林立，大唐正处于"群狼"的包围之中。要想统一天下，就得与群雄死磕到底。

大唐统一的第一刀，先砍向了号称"西秦霸王"的薛（xuē）举父子。薛举是河东人，喜欢结交豪强。公元617 年，薛举在兰州称帝，封儿子薛仁杲（gǎo）为齐公，此后，父子俩不断带兵骚扰关中。

公元 618 年，薛举再次进攻长安，不料在出兵前暴病而亡，于是长子薛仁杲继续率军出征。李世民见敌军来势凶猛，便下令坚守不出。两军相持 60 多天，西秦军粮食耗尽，军心浮动，很多西秦军投降了李世民。看战机成熟，李世民便以少数兵力引出西秦军，然后亲领主

力在西秦军背后捅上一刀，西秦军顿时炸了锅，薛仁杲最终选择投降。

一波刚平，一波又起。公元619年，割据马邑的刘武周勾结突厥，向山西发起突然袭击。数支唐军先后迎战，均被打败。唐高祖李渊一看形势不好，打起了退堂鼓，准备放弃河西，固守关西。此时，李世民主动请缨，愿意带精兵三万前去迎战。

李世民率军渡过黄河后，将大军驻扎在柏壁坚守，与刘武周先锋宋金刚的军队相持。在相持中，李世民派出精兵切断了宋金刚的粮道。两个月后，宋金刚因无粮草供应，只好撤退。李世民率领大军趁机追杀，竟一昼夜追了两百里，接战数十次。李世民带兵一路穷追猛打，斩获俘虏数万。刘武周、宋金刚慌忙逃往突厥，结果被突厥杀死。公元620年，李世民收复了太原。

此时，关东地区还有王世充、窦建德两大集团。唐高祖李渊命令李世民东征，直指河南一带的王世充集团。在唐军的猛烈攻击下，洛阳城很快处于唐军的包围之中。一看情况不好，王世充只好向河北的窦建德求援。窦建德很讲义气，率领十万大军前来救援。

兵来将挡，水来土掩。李世民命齐王李元吉围困洛阳，自己率精兵千余人急奔虎牢关，挡住窦建德的前进道路。两军相持三个月后，李世民渡河，假装粮草已尽，让士兵牧马于河北，以迷惑窦建德。

窦建德果然中计，第二天早晨全军出击，陈兵汜（sì）水，鸣鼓大喊而进，要与唐军决战。闹腾到中午，窦建德的士兵体力消耗严重，此时席地而坐，又饿又渴，已无斗志。李世民马上下令攻击，唐军铁骑直冲向窦建德军队的阵地。窦建德仓促应战，不久全线崩溃，自己也被活捉。

虎牢关之战，把王世充震慑到了，主动绑了自己向唐军投降。自此，河南、河北尽归唐朝所有。公元624年，江南被唐朝平定。至此，唐朝完全统一了中国。

门神的故事

唐朝时，泾河龙王触犯了天条，罪该问斩。玉皇大帝任命魏征为监斩官。泾河龙王就跑来向唐太宗求情。

龙王见到唐太宗，哭着说："皇上，一定要帮帮小仙。"唐太宗问道："龙王，出了什么事，需要我帮忙啊？"龙王答道："我因和凡人打赌，触犯了天条。玉帝命魏征为监斩官。我想求皇上帮我留住魏征。只要过了午时三刻，我就可以活命了。"唐太宗答应了。

快到行刑的时候，唐太宗下诏宣魏征进宫与其下棋。

43

魏征见不好推脱，只好硬着头皮来了。唐太宗拉着魏征下了一盘又一盘棋，就是不放魏征走。

　　唐太宗问魏征："过了午时三刻了吗？"魏征一听，就明白是怎么回事了。魏征说："快到了。"唐太宗这才放下心来，只要再坚持一会儿，龙王就得救了。没想到魏征下着下着就睡着了，但他的魂魄来到天宫，将龙王斩了。

龙王抱怨唐太宗言而无信，日夜呼号怒骂，要向唐太宗讨命。唐太宗每夜都睡不着，精神十分疲惫。

大将秦叔宝（秦琼）说："臣愿意为陛下分忧解难。我和尉（yù）迟敬德（尉迟恭）将军身穿戎装立在宫门外，就是再凶的鬼怪也不敢来捣乱。"

晚上，秦叔宝和尉迟敬德两位将军，身穿戎装，手拿利器，威风凛凛地站在门外。龙王的魂魄又来捣乱，看见两位将军站在门口，非常害怕，就悄悄地溜走了。就这样，秦叔宝和尉迟敬德每天晚上都为唐太宗守夜。

唐太宗不忍心两位将军如此辛苦，就命人将两位将军的真容画下来，贴在门上。龙王晚上来的时候，远远看见两位将军把守门口，以为是真人，就不敢再来了。

这件事传到了民间，百姓们也将两位将军的画像贴在门上，保佑家宅平安。他们两位于是成为千家万户的"守门神"。

知识补给站

李渊称帝后，为何把国号定为"唐"？

"唐"是李渊的封地，他曾袭封"唐国公"。唐的渊源可追溯到上古时期，尧在出任帝位之前被分封在"唐"，称"唐尧"，其封地即在太原附近。李渊也被封在唐地，李家称帝，自然要以"唐"为国号，这也是中国历史上朝代、国家定名的惯例与范式。

历史上真有李元霸这个人物吗？

李元霸是文学作品《说唐》和《兴唐传》中的虚构人物，其历史原型为唐太宗李世民之弟李玄霸、唐高祖李渊第三子，母窦皇后。后世因避讳清康熙帝玄烨名而改称为李元霸。文学作品中对李元霸的塑造基本上是加工创作，与史书记载的李玄霸几乎无相似之处。

李世民的名字有着怎样的由来？

李世民四岁时，门外来了一个书生，自称会看相。书生对李渊说："您是一个贵人，而且有贵子。"书生又看了看在一边玩耍的李世民，又说："龙凤般的身姿，天日般的相貌，此子贵不可言，20岁时，必能济世安民。"李渊于是采用书生话中"济世安民"之义，为儿子取名为"李世民"。

你知道"半路杀出个程咬金"这句俗语吗？

"半路杀出个程咬金"是一句俗语，指的是发生了原本没有预料到的事情。程咬金是隋末农民起义军领袖，后投瓦岗寨。失败后归顺唐朝，西平突厥，战功赫赫。此人憨厚耿直，手执板斧，常伏于半路杀出，故有"半路杀出个程咬金"之说。

第 **3** 章
一代明君唐太宗

有言在先

　　唐朝统一了天下，外部彻底平静了，但内部却乱起来了，李建成、李元吉兄弟俩一心陷害李世民。李世民也不是吃素的，在玄武门将李建成、李元吉兄弟俩来了个团灭。李渊一看形势不对，主动将江山让给了李世民。自此，李世民成了大唐的皇帝，即唐太宗。

　　唐太宗不仅是战场上的"收割机"，还是治国理政的大能人。他虚心纳谏，厉行节约，劝课农桑，使百姓得到休养生息，开创了中国历史上著名的"贞观之治"，也成为大唐兴盛的拓荒人。

故事万花筒

玄武门发生了血案

故事主角：李世民、李建成、李元吉

故事配角：李渊、长孙无忌、尉迟敬德、张公瑾、薛万彻、冯立等

发生时间：公元 626 年

故事起因：太子李建成和李元吉屡次陷害李世民，李世民设计埋伏于玄武门，决定除掉他们二人

故事结局：李建成和李元吉死于非命，李世民最终登上大唐皇位

在李渊打天下时，他的几个儿子配合得还算默契。直到建立唐朝，太子李建成看二弟李世民屡立战功，开始嫉妒、害怕起来，觉得这二弟是个"定时炸弹"。为了解除威胁，李建成就和弟弟齐王李元吉串通起来，排

挤和陷害李世民。在酒里下毒，李世民命大没死；向父亲告状陷害，目的也没达到。甚至李元吉还暗中请求父亲杀掉二哥，这兄弟俩的狠毒劲已经到了极点。

既然你不仁，别怪我不义。于是，李世民决定采取非常手段，也向父亲告了李建成、李元吉兄弟俩的黑状。李渊一听，又惊又气，就决定召李建成和李元吉前来，彻查清楚。

公元626年7月的一天，就在李建成和李元吉准备

入宫之前，李世民带领长孙无忌、尉迟敬德、张公瑾（jǐn）、刘师立等人早早埋伏在了玄武门，等待着他们两人自投罗网。

当天，毫无防备的李建成和李元吉像往常一样，骑着马悠哉悠哉地从玄武门入宫。当一行人走到临湖殿的时候，觉得情况有些反常，立刻准备退回东宫，但为时已晚。李世民见状，便纵马追了上去。

眼见李世民追了上来，骑着马的李元吉回过头来张

弓就射，但此时他心慌手抖，几次都没能射中。而李世民沉着冷静得多，一箭将大哥李建成射死。这时，秦王府的伏兵尽出，李元吉寡不敌众，也在乱箭中摔下马来。

就在这个时候，发生了一个小插曲。李世民的坐骑受到了惊吓，马带着李世民跑进了树林，随后一人一马被困住不得脱身。李元吉见机会来了，便准备用弓弦勒死李世民。

说时迟，那时快，就在这生死一线的关键时刻，尉迟敬德赶了过来，一箭将李元吉射死，解救了李世民，然后又将李建成和李元吉的头砍了下来。

听说太子在玄武门被杀，东宫的两千将士急眼了，在薛万彻和冯立的率领下，马上拿起武器赶到了玄武门。一阵激战后，张公瑾见一时抵挡不住，便下令将宫门关闭。当尉迟敬德提着李建成和李元吉的脑袋出现后，东宫将士便知大势已去，随后便纷纷散去了。

不久，唐高祖迫于各种压力，立秦王李世民为皇太子。两个月后，唐高祖主动下诏将帝位让给李世民。自此，李世民成为大唐王朝的第二位君主，是为唐太宗。

魏征是个直性子

故事主角：魏征

故事配角：李世民、长孙皇后等

发生时间：公元 627 年—公元 643 年

故事起因：魏征性格正直，敢于直言进谏，成为唐太宗的一面"镜子"

故事结局：魏征辅佐唐太宗开创了"贞观之治"的大业

秦王李世民将李建成、李元吉等诛杀后，听说李建成还有个手下叫魏征，以前经常给李建成出谋划策陷害自己，决定会一会他，于是派人把魏征带来。

一见面，李世民就黑着脸指着魏征问道："你为什么要离间我们兄弟？"魏征**不卑不亢**（bù bēi bú kàng；形容态度言语有分寸）地回答说："太子要是早按照我的计划行事，就没有今日的大祸了。"李世民见魏征说话直接，临危不惧，觉得这个人有点意思，于是就赦免了他。

　　李世民当了皇帝后，便对这个直性子的魏征加以重用。唐太宗哪里做得不对或有失水准，他都会毫不含糊地指出来。

　　公元 627 年，唐太宗派人征兵。有大臣建议 16 岁以上、不满 18 岁的男孩，都得当兵打仗。"唐太宗同意了。但是魏征却扣住诏书不发。唐太宗气得火冒三丈，对魏

你敢扣我的诏书。

征说道："你好大的胆子！竟然敢扣住我的诏书不发？"魏征不慌不忙地说："我不赞成您这样做！军队强大不强大，不在于人多人少，而在于用兵得法。好比您把湖水弄干了，可以捉到很多鱼，但是明年就无鱼可捞了。如果把不到18岁的男子都征来当兵，以后还到哪里征兵呢？"魏征一席话，说得唐太宗哑口无言。于是，他收回了诏书。

陛下听我
几句劝。

长乐公主是长孙皇后所生，李世民对她特别宠爱，还将她许配给长孙无忌的儿子长孙冲。唐太宗对众臣说："长乐公主是朕和皇后所钟爱的女儿。现在要出嫁了，想多加嫁妆。"大臣们纷纷表示支持，然而魏征却坚决反对，说此举破坏了礼制。

魏征这么不给面子，唐太宗大为恼火，回到后宫之后，他骂道："朕迟早要杀了这个田舍翁（年老的庄稼汉）！"长孙皇后弄明白原因后，跪下向唐太宗祝贺，说："君主圣明则臣子正直。陛下之所以有魏征那样敢于直言的臣子，正是因为陛下您是个圣明的君主。"此时，唐太宗明白了魏征的良苦用心，对他更加看重了。

公元 643 年，一代名相魏征因病去世，唐太宗异常悲痛。他在朝堂上对大臣们说："用铜做镜子，可以整理衣帽；用历史做镜子，可以知道兴亡的道理；用人做镜子，可以明白自己的得失。我常常拿这三面镜子来检察自己的得失。如今魏征去世了，我就少了一面镜子啊！"

魏征的忠言直谏和唐太宗的虚心纳谏，使唐朝政局稳定，日渐繁荣起来，形成了为后世历史学家称赞的"贞观之治"的局面。

敢惹我，虽远必诛

故事主角：李世民

故事配角：颉利、李靖、徐世勣、唐俭等

发生时间：公元 626 年—公元 627 年

故事起因：东突厥经常侵扰唐朝边境，唐太宗后来趁乱出兵攻伐

故事结局：李靖指挥唐军大败东突厥，东突厥彻底灭亡

　　唐朝成立之初，边境经常受到外族的侵扰。特别是东突厥，时不时就跑到唐朝边境闹腾一番，闹腾完就跑。对唐朝来说，东突厥是个重量级的对手，也是个不小的威胁。

　　公元 626 年，唐太宗刚即位不到 20 天，东突厥的颉（jié）利可汗便率领十多万人马，一直打到离长安只有 40 里的渭水边，想给唐朝新皇帝来个下马威。

　　唐太宗带着几名将领，骑马来到渭水边的桥上，指名要颉利可汗出来对话。唐太宗隔着渭水对颉利说："我

们两家已经订立了盟约，为什么要背信弃义，带兵进犯？"

颔利可汗自知理亏，表示愿意讲和。过了两天，双方重新订立盟约。接着，颔利可汗就退兵了。从此以后，唐太宗加紧训练兵士。

第二年，一场大雪覆盖了北方。东突厥死了不少牲畜，大漠以北发生了饥荒。颔利可汗就加紧搜刮其他部族，引起各部族的反抗。一时间，漠北大乱起来。

唐太宗利用这个机会，派出李靖（jìng）、徐世勣（jì）等四名大将和十多万大

军，由李靖统率，分路向东突厥攻击。李靖很快便攻下定襄，得胜还朝。

颉利可汗被打败后，便派使者到长安求和。唐太宗一面派唐俭（jiǎn）到东突厥安抚，一面又命李靖带兵去察看动静。

李靖领兵来到白道（今内蒙古呼和浩特），与在那里的徐世勣会师。两个人商量对付颉利可汗的办法。李靖说："颉利虽然打了败仗，但是手下还有很多人马。我们带上一万精兵和20天的粮，跟踪袭击，把颉利捉住。"徐世勣表示赞成，两支军队便向阴山进发了。

此时的颉利可汗，已如惊弓之鸟，当他得知唐军骑兵到来，慌忙上马逃走了。李靖指挥唐军追杀，东突厥兵没有主帅，一下子成了无头苍蝇，四处逃窜。唐军歼灭东突厥兵一万多，俘获了大批俘虏和牲畜。颉利可汗东奔西逃，最后被他的部下抓住交给唐军，随后被押送到长安，一度很强大的东突厥就这样灭亡了。

这次胜利，使唐太宗在西北各族中的威信大大提高。这一年，很多外族首领一起来到长安，朝见唐太宗，拥护唐太宗为他们的共同首领，尊称他是"天可（kè）汗"。

倔强和尚闯天竺

故事主角：唐玄奘

故事配角：高昌王麴文泰、唐太宗、戒贤法师等

发生时间：公元 627 年—公元 645 年

故事起因：玄奘和尚决定到天竺去学习佛经，但唐朝政府禁止出国

故事结局：玄奘历经千难万险，最终在天竺取得真经，并带着 600 多部佛经回到长安

　　唐太宗在位时，长安大慈恩寺有个和尚叫玄奘（zàng），他曾游历各地，一心研究佛学，久而久之，对佛学也产生了各种疑问。为了获得答案，他跑遍了长安城的各处寺庙，翻阅了各种典籍，但因为译者不同、版本不同，说法也是五花八门，把他也搞糊涂了。

　　思来想去，玄奘和尚心生一个大胆而疯狂的想法——他决定到天竺（佛教的发源之地）去学习佛经，以解迷惑。

　　但是要想出国，可没那么容易。当时外族经常侵扰

中原，边塞局势不稳，唐朝政府禁止私人随便出国。玄奘上书朝廷要求出国取经，自然被"无情"地拒绝。一看正常手续行不通，倔强的玄奘便采取非常手段。

巧的是，这年秋天，长安闹饥荒，朝廷同意僧侣外出化缘，玄奘便乘机离开长安。他昼伏夜行，风餐露宿，刚到瓜州时，朝廷的通缉令也到了，但瓜州的官吏为他立志求经的精神打动了，便毅然放他西行。

　　玄奘独自一人赶路，向西进入大戈壁。800里的沙漠，上无飞鸟，下无走兽，他迷路了，慌乱中又弄翻了水袋。几天后，他昏倒在沙漠里，幸而离绿洲不远，他被凉风

吹醒，又找到水源，才算捡回了一条命。

出了大漠，玄奘来到高昌国，高昌王麴（qū）文泰也信佛教，听说玄奘是大唐来的高僧，十分敬重，便请他讲经，还恳请他留下来。玄奘坚决不肯。麴文泰只好派人护送他，还写信给沿途的国王，请他们保护玄奘安全过境。

玄奘带着一行人马，饱受风霜雨雪，经历了一场又一场难关，通过了一个又一个国家，最终达到了天竺。

天竺国有一座古老的大寺院叫作那烂陀寺。寺里有个戒贤法师，是天竺有名的大学者。玄奘来到那烂陀寺，跟着戒贤法师学习。五年他就把那里的佛经全部学完了。

公元645年，玄奘带着600多部佛经，回到阔别十多年的长安。他的取经事迹，轰动了长安城，也感动了全城百姓。在长安西郊，他受到朝野僧侣"空城出观"的热烈欢迎。不久，唐太宗又召见了他，随后下令组织规模宏大的译场，调集高僧协助玄奘翻译佛经。

玄奘历时17年，跋涉五万里西游取经，直接沟通了唐朝与中亚、西亚、南亚的联系，特别是中国与印度的友好关系，至今人们仍认为玄奘是中印友好的象征。

醒木一响，评书开场！
品茶听书，为你讲述有滋有味的隋唐传奇；
真真假假，权且当茶余饭后的谈资……
今天，我要给大家讲的是——黄粱一梦！

黄粱一梦

唐玄宗开元七年，有个姓卢的书生上京赶考，经过邯郸（hán dān）时，在一家旅店里，遇到了一个叫吕翁的道士。

两人在攀谈中，卢生的语气里流露出渴望荣华富贵，厌倦贫困生活的想法，不管吕翁怎么劝解，他都难以释怀。于是，吕翁便拿出一个枕头递给卢生，说："你枕着我这个枕头睡，它可以使你荣华富贵，适意愉快，就像你想要的那样。"

卢生头刚触枕，就眼前一黑。待他醒来发现已回到了自己的家里。过了几个月，他娶了一个很有钱的老婆，陪嫁的物品让他的生活变得富足起来。

第二年，他参加进士考试，一举得中，做了专管代皇帝撰（zhuàn）拟诏（zhào）令的官员。从此之后，他便一路青云直上，做到了户部尚书兼御史大夫，成为功大位高、令满朝文武官员都深深折服的朝廷重臣。

不过，卢生的功成名就，也招来了官僚们的妒忌。他被人诬告结党营私，图谋不轨。虽然没有被处死，却被流放到偏远蛮荒的地方。过了好几年，他的冤案才被平反，他又重新被起用为中书令，封燕国公。然而此时，他对做官已经心灰意懒。他想辞官，但皇帝却不批准。直到他死的那一天，他都没能辞去官职。

就在死去的那一刻，睡在旅店里的卢生打了个哈欠，醒了。他发现自己还是那个穷书生卢生，他睡觉时，店主人蒸的黄粱饭还没有熟呢。

卢生终于醒悟，荣华富贵如同一场梦，如浮云般虚幻。

知识补给站

唐高祖李渊为什么主动让位于李世民？

李世民战功卓著，在整个大唐拥有很高的人气。"玄武门之变"后，李建成和李元吉被杀死，整个皇宫已经在李世民集团的掌控之中，李渊根本无法反抗。此时，除了李世民，也没有更好的继承皇位的人选了。除此之外，为了稳定政局，李渊只能将皇帝之位让给李世民。

"房谋杜断"具体是怎么一回事？

唐太宗同房玄龄研究国事的时候，房玄龄总是能提出好的意见和办法，但是往往不能做决定。这时候，唐太宗就必须把杜如晦请来。杜如晦一来，将问题略加分析，就能立刻做出最好的决定。房、杜二人，一个善于出计谋，一个善于做决断，所以人称"房谋杜断"，形容他们各具专长而又各有特色。

为什么说唐代是我国诗歌发展的巅峰期?

中国古典诗歌发展到了唐朝,达到了最高峰。唐诗继承了前代诗歌的优良传统,据统计,唐诗的作者有2200多人,诗歌48 000多首。唐诗流派众多,风格多样,体裁完备,作品反映了社会生活的各个方面,达到了前所未有的深度和广度。唐诗对后世的影响极其深远,影响了一代又一代中国人。

你知道"文成公主进藏"的故事吗?

文成公主进藏是指唐朝贞观年间,吐蕃(tǔ bō)赞普松赞干布派遣大相禄东赞为请婚使者,赴长安请婚。唐太宗将远支宗女封为文成公主,下嫁松赞干布,并诏令礼部尚书江夏王李道宗为主婚使,持节护送文成公主入蕃。文成公主入藏后,促进了吐蕃经济、文化的发展,加强了汉藏之间的友好关系。

第 **4** 章

独一无二的女皇帝

有言在先

　　她是中国历史上独一无二的女皇帝，论计谋手段，她比男人更男人；论治理国家，她比君王更君王。美貌是她叩开皇宫城门的敲门砖，心计是她扫除对手的核心武器，野心是她攀上政治巅峰的终极动力。在充满传奇的人生路上，她做过感业寺的尼姑，俘获了唐高宗的恩宠，扳倒了强势的王皇后，杀死了不听话的儿子，残酷镇压异己，精心治理天下……武则天，成为男权社会中的特殊存在，也在历史的功与过中备受后世争议。

后宫出了个驯马手

故事主角：武则天

故事配角：唐太宗、西域使节、驯马师、文武大臣等

发生时间：公元 638 年

故事起因：唐太宗的宝马"狮子骢"很难驯服，武则天主动要求驯马

故事结局：武则天利用铁鞭、铁锤等轻松驯服"狮子骢"

公元 638 年，14 岁的武则天正式进宫。唐太宗听说她很有才貌，便对她恩宠有加，封其为五品才人。

有一次，西域使节向唐太宗献上了一匹宝马，名为"狮子骢（cōng）"。唐太宗非常高兴，就组织文武大臣和妃嫔们前来观马，武则天也在其中。

大臣们一见到马，都赞不绝口。只见这匹马高大健壮，毛色油光闪亮，浑身肌肉矫健，一副威猛不凡的气势。

　　静态展示完，唐太宗便命令驯马师让马在场地上跑几圈。结果，还没等驯马师坐稳，这匹马就扬起前蹄，一声嘶鸣，将驯马师重重地摔在地上。这之后，又有几位驯马师不是被咬伤，就是被踢伤，再也没有人敢上前驯马。

　　此时的唐太宗面露难色，问身边的侍卫们："你们谁能把它驯服了？"侍卫们都不敢接受这个挑战。

　　这时，武则天自告奋勇地说："陛下，让我来试一试。"

　　唐太宗很惊讶地说："你如何能驯服它呢？"

　　武则天信心满满地说："需要陛下赐给我三样东西——铁鞭、铁锤和匕首。"

　　此时，唐太宗更疑惑了，便问道："这三样东西都不是驯马用具，你要它们做什么？"

　　武则天回答说："先用铁鞭抽打马，如果它不温驯下来，就用铁锤敲它的脑袋，再不行的话，就用匕首杀了它。"

　　唐太宗看着这个小姑娘，竟说出如此凶狠之话，不

陛下，这马我可以驯服。

禁毛骨悚（sǒng）然（毛发竖起，脊梁骨发冷，形容恐惧的样子），半天没反应过来，只是夸了她一句好胆量。接着，唐太宗叫人给她拿来了这三样东西。

只见武则天腰插铁锤、匕首，手执钢鞭，一步一步向"狮子骢"走去。那马扬起蹄子不让她靠近。武则天举起铁鞭，重重地抽了它几鞭子，趁机快速骑了上去。

"狮子骢"哪里愿意，它纵身跃起，想把武则天从背上掀下。于是武则天抓紧缰绳，挥起铁锤，狠狠地敲了一下它的头。

这下"狮子骢"变老实了，只发出一声哀嘶，就乖乖地听从她的摆布了。

此时，唐太宗很是震惊，暗暗觉得这个女人可了不得。狮子骢事件之后，唐太宗开始渐渐疏远冷落她了。

从尼姑到皇后

故事主角：唐高宗、武则天

故事配角：王皇后、萧淑妃等

发生时间：公元 649 年—公元 655 年

故事起因：武则天抓住得到唐高宗恩宠的机会，与萧淑妃、
王皇后斗智斗勇

故事结局：武则天运用狠毒手段扳倒了王皇后，如愿地当
上了皇后

公元 649 年，唐太宗得了"风疾"。太子李治是个孝顺的儿子，经常照看父皇，结果竟与武则天好上了。唐太宗因病去世后，太子李治接班做了皇帝，是为唐高宗。

唐太宗死后，未生子女的嫔妃都要发配到皇家寺院为尼，武则天和其他未生育的妃嫔一起到感业寺出家。可是，刚出家两年的武则天，就被唐高宗给接回了皇宫。

原来唐高宗的皇后王氏，出身高贵，却是一个无趣的人，唐高宗看她很不顺眼。相比之下，唐高宗更喜欢

萧淑妃。这让王皇后很憋气，就想彻底扳倒萧淑妃。

王皇后得知唐高宗倾心武则天，就想用武则天去牵制淑妃。于是，王皇后立即派人通知武则天蓄发待诏入宫。然后，又将此想法告诉了唐高宗，唐高宗一听很开心。

武则天得知皇后让她入宫，心里非常高兴，虽然一切都是未知数，但是 她决定和命运赌一次。一入宫，武则天就获得了唐高宗的宠爱，升为昭仪，最终打败了萧淑妃，还给唐高宗生了六个子女。

看到武则天得到皇帝专宠，还生下了皇子，王皇后意识到自己引狼入室了。于是她开始联合萧淑妃一起对付武则天，她们常对皇上说武则天的坏话。但唐高宗听后，对她们很是厌恶。

为了达到废王立武的野心，武则天使出了一个极为残忍的招数。公元654年年初，武则天生下了一个小公主，长得水灵灵的，唐高宗非常喜欢。一天，王皇后去武则天处探视小公主，逗小孩玩了一会儿便离开了。

据说武则天利用王皇后探视的间隙，亲手掐死了女儿。等到唐高宗来了，武则天和他欢喜地说笑着，谁知一掀开被子，发现小公主已经死了。惊恐之时，唐高宗叫人询问都谁来看过小公主，宫人都说："皇后刚来过。"

　　唐高宗见爱女横死，哪里还有心情去考虑其中的**蹊跷**（qī qiāo：指奇怪、可疑），再联想起皇后和萧淑妃以前曾诋毁过武则天，于是立即就认定是王皇后杀了自己的女儿！王皇后有口难辩，被打入了冷宫。

　　公元655年，武则天再次发难，她让宫里面的人报告皇上，说王皇后和她的母亲施行"厌胜"来诅咒自己。所谓"厌胜"，是古代的一种巫术——用一些特殊的物品以诅咒的方式来制服人或物。唐高宗于是废王皇后为庶人，武则天则如愿当上了皇后。

虎毒也食子

故事主角：武则天

故事配角：李显、李弘、李贤、裴炎、李旦等

发生时间：公元 683 年—公元 690 年

故事起因：李显因为培植自己的势力，而被武则天废为庐
陵王

故事结局：为了自保的李旦，将皇权交给母亲，武则天正
式称帝

公元 683 年 12 月，软弱无能的唐高宗死了，他的第
七个儿子李显即位，是为唐中宗。一登皇帝位，李显既
感到无比兴奋，又有些毛骨悚然，因为他要面对的是心
狠手辣的母亲武则天。大哥李弘死得不明不白，二哥李
贤被诛杀，这些都在年轻的李显心里留下了恐怖的阴影。

武则天一共为唐高宗生下四个儿子，分别是李弘、
李贤、李显和李旦。长子李弘，最初被立为太子，可是他
总和母亲对着干，不到 24 岁，就稀里糊涂地死了。大儿

子没了，二儿子李贤又被推上了太子之位，结果也因为不听话，以莫须有的谋反罪被武则天诛杀。

虎毒不食子，但这句话在武则天这里却不适用。李显觉得，要想活得久，就得腰杆子足够硬，就得培养自己的势力。思来想去，李显把命运的赌注押到了岳父韦玄贞身上，使其从芝麻小官升到了豫州刺史，紧接着，又准备升韦玄贞为宰相。这一顿任性操作，自然引起其他大臣的反对。

裴（péi）炎再三劝谏唐中宗，结果唐中宗怒道："我就是把天下给了韦玄贞，都可以。难道还在乎一个宰相吗？"看唐中宗油盐不进，裴炎便将唐中宗的话如实转告了太后武则天。武则天一听，大为恼火。

第二天，武则天召集百官，宣布废唐中宗为庐陵王。李显问道："我，我有什么罪？"武则天说道："你想把天下给韦玄贞，难道没有罪吗？"唐中宗这才明白过来。很快，唐中宗就遭到了废贬。

不久，22岁的李旦代替了兄长李显正式登基，是为唐睿宗，成为唐朝第五任皇帝。这位年轻的皇帝依然是傀儡，他没有上朝听政的权力，全由母亲临朝称制。每每上朝，李旦都在旁殿静静地待着，从无怨言，只是小心翼翼地戴着皇帝的帽子。

公元686年正月，武则天突然要把帝位还给李旦，这着实吓了李旦一跳。李旦并没有迟疑多久，便向自己的母亲上书，请求武则天称帝，并表示自己希望改姓武氏。武则天**顺水推舟**（比喻顺着某个趋势或某种方式说话办事）答应了他的要求，并为其赐名轮。从此很长一段时间，李旦都不得不顶着"武轮"这个名字。

公元690年，武则天正式称帝，改国号为周，改元天授，成为中国历史上唯一的女皇帝。这一年，她已是67岁的高龄。

狄公，撑起大唐半边天

故事主角: 狄仁杰

故事配角: 武则天、来俊臣等

发生时间: 公元 676 年—公元 700 年

故事起因: 狄仁杰才能出众，宽宏大量，深得武则天的赏识和重用

故事结局: 狄仁杰力劝武则天复立李显为太子，使唐朝社稷得以延续

武则天虽然是个心狠手辣的女皇帝，但也是个爱才之人，她手下有许多有才能的大臣，其中最著名的是宰相狄仁杰。

公元 676 年初，狄仁杰升任大理寺丞，大理寺丞是负责掌管案件审判的官员。当时积压了许多纠缠不清的案件，狄仁杰以卓越的才能，一年内处理了 17 000 余件，件件都处理得公平合理，没有一个喊冤叫屈的，这也创

造了当时审判的新纪录。

武则天当皇帝后，让狄仁杰当了宰相。有一次，武则天问狄仁杰："你在汝南，施政很得人心，但是你知道谁说坏话诬陷你吗？"狄仁杰回答说："陛下认为我

狄大人，要为小的做主呀！

有过失，我自当改掉；陛下知道我没有过失，这是为人臣子的幸运。臣不想知道中伤我的人是谁。"武则天因为狄仁杰的大度更加重用他。

公元 692 年，酷吏来俊臣诬（wū）告狄仁杰谋反，狄仁杰被捕下狱。狄仁杰为了不被冤死，等待时机，就承认自己谋反。来俊臣还要逼狄仁杰供出同谋。狄仁杰气愤地把头向柱子撞去，血流满地，以至于来俊臣不敢再审问。后来，狄仁杰乘看管松懈，偷

有何冤情，尽管说来。

偷写成一纸诉状，放在棉衣里转给儿子。儿子接到诉状，急忙向武则天上报。

武则天亲自召见狄仁杰，问他为什么要造反。狄仁杰回答说："如果不承认造反，我早死在酷刑之下了。"武则天问他为什么要写谢罪表。狄仁杰说："没有这样的事。"武则天这才知道是来俊臣陷害他。

后来，狄仁杰恢复了宰相官职。这时，武则天在立李氏为太子还是立武氏为太子的问题上犹豫不决。武则天的侄儿武承嗣（sì）、武三思为谋求太子地位，暗地里频繁活动。狄仁杰趁武则天还没有拿定主意，便劝她立李氏为太子。他说："陛下您想想，姑侄的关系和母子的关系哪个亲？陛下立儿子为太子，在千秋万岁之后，配食太庙，享受祭祀；如果立侄儿为太子，就没有听说太庙中供姑姑的！"狄仁杰的话，触动了武则天的心。

狄仁杰做宰相，善于推举贤才。先后推举的有桓彦范、敬晖、窦怀贞、姚崇等数十人，均官至公卿，有的后来成为宰相。武则天更加敬重他，尊称他为"国老"。

公元 700 年，狄仁杰病死。武则天非常悲痛，罢朝三日，追赠文昌右相。

醒木一响，评书开场！
品茶听书，为你讲述有滋有味的隋唐传奇；
真真假假，权且当茶余饭后的谈资……
今天，我要给大家讲的是——春龙节的传说！

春龙节的传说

　　传说武则天当皇帝后，天上的玉皇大帝非常生气，就找来四海龙王，命令他们三年之内不得降雨，以惩罚武则天。但是三年不降雨，大地干裂，河流干涸，庄稼都旱死在地里，到处是渴死和饿死的百姓。司管天河的龙王看到这番景象，动了恻隐之心，便偷偷为人间降了一场大雨。百姓们高兴得欢呼雀跃，跪地磕头。

　　不久，玉帝得知降雨的事情后，就把龙王打下凡间，压在一座大山之下悔过，并传下谕旨："不等到人间的金豆花开，龙王便不得回到天上。"押送龙王的天将很同情龙王，就立下一碑，等待着百姓们救助龙王，碑文写道："龙王降雨犯天规，被压山下偿其罪。若想重回灵霄（xiāo）阁，只等金豆花开时。"

碑文被砍柴的老汉看到了，老汉回去一说，附近的百姓都知道了龙王的遭遇，就聚在一起商量救龙王的方法，但是一时也没有结果。

等到第二年的二月初二，人们在翻晒一种植物种子的时候，无意间想到这种子呈现金黄的颜色，不正是金豆子吗？而把植物种子放在锅里炒一炒，等它开了花，不就是金豆开花吗？人们高兴极了，于是家家户户行动起来，并在院子里设案烧香，供上开了花的金豆。

龙王抬头一看，知道是百姓救他，便向天上喊道："金豆开花了，玉帝说话算数，放我出去吧。"玉帝来到南天门，看到家家户户都供上了开了花的金豆，于是传旨下去，将龙王召回天宫，继续给人间兴云布雨。

从这天以后，民间的雨水就多了起来。

知识补给站

武则天为何造"曌"字，还改名武曌？

　　唐朝时，有位朝臣叫宗秦客，他佩服武则天的治国才能。武则天称帝后，为了给武则天当皇帝制造舆论，宗秦客就造了"曌"字，并献给了武则天。他说这个字除了日月当空、普照天下的意思外，也很符合女人当皇帝的心境，又和她的名字"照"字同音。武则天很高兴，就把自己的名字由"武照"改为"武曌"。

唐三彩是一种怎样的彩陶工艺品？

　　唐三彩是一种盛行于唐代的陶器，以黄、白、绿为主色，后来人们习惯地把这类陶器称为"唐三彩"。唐代是中国封建王朝的鼎盛时期，经济繁荣兴盛，文化艺术上群芳争艳。唐三彩就是这一时期产生的一种彩陶工

艺品，它以造型生动逼真、色泽艳丽和富有生活气息而
著称。

武则天为什么要立无字碑？

武则天之所以立无字碑，有很多种说法。第一种说
法认为，武则天立"无字碑"是用以夸耀自己，表示功
高德大非文字所能表达；第二种说法认为，武则天立"无
字碑"是因为自知罪孽重大，感到还是不写碑文为好；
第三种说法认为，武则天是一个有自知之明的人，功过
是非让后人去评论，这是最好的办法。

你知道"桃李满门"的故事吗？

狄仁杰任宰相期间，先后举荐张柬之、姚崇、桓彦范、
敬晖等数十人，这些人后来都成为唐代名臣。曾有人对
狄仁杰道："治理天下的贤能之臣，都出自您的门下啊。"
狄仁杰却道："举荐贤才是为国家着想，并不是为我个
人打算。"后世于是用"桃李满门""桃李满天下"，
比喻一个人学生众多，到处都有。

第 **5** 章

成也玄宗，败也玄宗

　　唐隆政变后，李隆基成为最大的政治赢家。在父亲退位后，他摇身一变成为大唐天子。一上台，李隆基就像打了鸡血，持续推行改革，重用贤能人才，精心治理国家，使大唐走上了盛世巅峰。

　　但执政后期的李隆基有些不清醒，做起了甩手掌柜，沉迷于宠妃的温柔乡，享乐于歌舞的靡靡之音，更有奸相的独擅专权，祸乱朝纲，最终引发了安史之乱。

90

大唐还是老李家的

故事主角：太平公主、李隆基

故事配角：唐中宗、韦后、安乐公主、崔日用、李旦等

发生时间：公元 710 年—公元 712 年

故事起因：韦后母女毒死唐中宗，试图夺皇位，李氏皇族决定发动政变

故事结局：在精密谋划下，太平公主、李隆基等除掉韦后及其余党

　　唐中宗李显复位后，本想可以扬眉吐气了，却不想事与愿违。因为有武则天这个"榜样"，唐中宗的妻子韦后也开始做起皇帝梦来。为了实现理想，韦后还拉上了女儿安乐公主，开始策划弑君阴谋。

　　公元 710 年 6 月 2 日，唐中宗在喝下一碗毒汤后，一命呜呼。唐中宗一死，韦后立马拿出伪造的遗诏，宣布儿子李重茂登基为帝，即唐少帝。而韦后自己则作为太后临朝，把持朝政。接下来，韦后、安乐公主等人一合计，准备对唐少帝、李旦、太平公主等人下手。

　　当时的李氏皇族中，有两个人地位最高，最有声望。他们分别是相王李旦和太平公主。李旦被母亲武则天废掉后，自信心受到了打击，没什么野心了，因此也没什么行动。但李旦的妹妹太平公主，却坐不住了。她决定搞一场政变来铲除韦后等人，但苦于没有合伙人。

就在太平公主苦闷之际，一个和她有着相同想法的人主动找到了她。这个人正是李旦的儿子李隆基。李隆基天资聪颖、气度不凡，颇有帝王风范。在韦后即将篡夺李氏江山的当口，李隆基决定奋力一搏。

李隆基和姑姑太平公主不谋而合，两人经过商议后，决定发动政变。太平公主有丰富的政治经验，主要负责出谋划策。而李隆基与羽林军交好，就负责外出联络军事力量。

更幸运的是，他们又获得了兵部侍郎崔日用的加盟。崔日用本是宰相宗楚客的好朋友，宗楚客告诉他韦后等人要除掉李旦和太平公主的计划，崔日用头脑很清醒，他觉得太平公主等人的势力更强大，所以投靠了太平公主这一派。于是，他向李隆基告知了韦后党羽的计划。

夜晚，李隆基带人一路杀入宫中。韦后在睡梦中一下子惊醒，急忙奔向飞骑营寻求保护，但刚进入军营，就被将士杀死并砍下脑袋。安乐公主前一刻还对着镜子描眉梳妆，下一刻便被一拥而入的将士杀死。经过一夜战斗，唐隆政变最终以李隆基、太平公主等人的胜利而告终。

群臣聚集在太极殿，李旦再次复位，是为唐睿宗。几日后，李隆基被立为皇太子。

公元712年8月3日，唐睿宗又将皇位传给李隆基，是为唐玄宗。唐玄宗即位后推行的一系列改革，使政治清明、百姓富庶、国力强盛，唐朝由此达到了全盛时期。

姚崇是个灭蝗专家

故事主角：姚崇

故事配角：唐玄宗、众大臣等

发生时间：公元 716 年

故事起因：唐玄宗时期，山东一带发生了特大蝗灾，形势
严峻

故事结局：宰相姚崇力排众议，推行边打边烧的方法灭蝗，
蝗灾最终平息下来

　　唐玄宗当上皇帝后，任命极富才干的姚崇为宰相。自此，姚崇成了唐玄宗身边的"大红人"。他上任后，大力推行改革，短时间内便把朝政整理得焕然一新。

　　公元 716 年，正当唐玄宗斗志昂扬的时候，河南等地却发生了特大蝗（huáng）灾。成群的飞蝗铺天盖地，黑压压一片，犹如移动的恶魔。蝗群到了哪里，哪里的庄稼就被啃得荡然无存。蝗灾一发生，地方官员就不断向朝廷送上告急文书。

蝗灾发生时，百姓们一时束手无策，只知道设祭（jì），却不敢捕杀蝗虫，任由蝗虫嚼食禾苗，其结果自然很惨。面对蝗灾，宰相姚崇向唐玄宗上了一道奏章，认为蝗虫不过是一种害虫，处理得当，是可以治理的。

唐玄宗很信任姚崇，立刻批准了姚崇的奏章，派出御史为捕蝗使，督促各地灭蝗。姚崇还下了一道命令，要百姓一到夜里就在田间燃起火堆，等飞蝗看到火光飞下来，就集中扑杀；同时在田边挖个大坑，边打边烧。各地官民用姚崇的办法灭蝗，效果很显著。仅汴（biàn）州一个地方就扑灭了蝗虫14万担。灾情缓解了下来。

灭蝗取得重大进展的时候，朝廷却有一批"死脑筋"的官员，愚昧地认为姚崇的灭蝗办法以前没人用过，现在这样冒冒失失地推行，只怕会闯出大乱子来。

唐玄宗见反对的人多，也有点犹豫不决。他又找姚崇来问，姚崇镇定自若地回答说："做事要合乎道理，不能讲老规矩。再说历史上大蝗灾的年头，都因为没有采取好的扑灭措施，造成严重灾害。现在，河南河北积存的粮食不多，如果今年因为蝗灾没收获，将来百姓流离失所，那样才是最危险的。"

唐玄宗一听蝗灾不除，国家安全会受到威胁，就害怕起来，说：“依你说，该怎么办才好？”姚崇说：“大臣们不赞成我的办法，陛下也有顾虑。我看这事陛下只管交给我来处理。万一出了乱子，我愿意受革职处分。”

　　由于姚崇不顾个人安危，坚决灭蝗，各地的蝗灾很快就平息下来。

贤相难当，奸相嚣张

故事主角：张九龄、李林甫

故事配角：唐玄宗、牛仙客等

发生时间：公元 736 年

故事起因：名相张九龄对奸相李林甫很是厌恶，多次坏李林甫谋划的"好事"

故事结局：唐玄宗听信李林甫的谗言，罢免了张九龄的相位

年轻时的唐玄宗，励精图治，任用贤臣，满腔热血。然而在他执政二十多年后，见天下太平，心里便滋生了骄傲懒散的情绪，追求起奢侈享乐来了。

宰相张九龄看在眼里，急在心上，时常向唐玄宗进言。刚开始，唐玄宗对张九龄还很尊重，时间久了，就觉得张九龄太唠叨。

吏部侍郎李林甫，是个奸诈狡猾的人。他经常拉拢宦官和妃嫔，对皇帝的一举一动了如指掌。因此，他每次都能揣测到皇帝的心思而去奏旨，深得唐玄宗的赏识。

当时，唐玄宗对武惠妃最为宠爱，李林甫就百般讨好武惠妃，由此得到晋升机会。

唐玄宗提升李林甫做了宰相，问张九龄有何评论。张九龄看出李林甫是个心术不正的人，就直截了当地说："宰相的位置关系到国家的安危。陛下如果拜李林甫为相，只怕将来国家就要遭难了。"李林甫听到这些话，非常憎恨张九龄。

凉州将领牛仙客大字不识一个，是个彻头彻尾的文盲，但却是一个理财高手。在李林甫的推荐下，唐玄宗想提拔牛仙客，张九龄说牛仙客根本没有多少真才实学，直接给搅黄了。

后来，唐玄宗又找张九龄商量任用牛仙客的事。张九龄还是死活不同意。这下彻底把唐玄宗惹火了，生气地说道："难道什么事都得由你做主吗？"

经过这几件事，唐玄宗越来越讨厌张九龄，加上李林甫的挑拨，终于找了个借口撤了张九龄的职。

李林甫当上宰相，第一件事就是要把唐玄宗和百官隔绝，不许大家在唐玄宗面前提意见。凡是大臣中能力比他强的，他就千方百计地把他们排挤出朝廷。

李林甫在位 19 年，一个个有才能的正直大臣全都遭到排挤，一批批阿谀（ē yú）奉承（迎合别人，竭力向人讨好）的小人都受到重用提拔。就在这个时期，唐朝从兴旺走向衰败，"开元盛世"的繁荣景象也渐渐消失了。

安禄山，最善于伪装的野心家

故事主角：安禄山

故事配角：唐玄宗、杨国忠、张守珪、李林甫等

发生时间：公元 755 年

故事起因：安禄山善于伪装和逢迎，深受唐玄宗的赏识和信任

故事结局：在时机成熟后，安禄山彻底反叛

安禄山原本是个胡人，父亲是个小商贩。长大后的安禄山，遗传了父亲经商的"基因"，开始在边境互市中做"中介经纪人"。不过，这份工作不足以填饱肚子，于是他兼职做起了偷羊贼。俗话说："久走夜路必撞鬼。"没多久，安禄山就被送到了幽州节度使张守珪（guī）的案堂。

一顿拷问过后，张守珪便决定乱棍打死安禄山，谁料这家伙突然提高了嗓门喊道："大人不是想消灭奚和

契丹吗？为何还要打杀壮士？"张守珪见这个胖子竟说出如此豪言壮语，当即就放了他，还安排他一个抓俘虏的活。因为工作出色，安禄山很快被提拔为偏将，他的人生也从此开了挂。

李林甫掌握朝政大权后，在唐玄宗面前竭力主张重用少数民族。在这些少数民族节度使中，唐玄宗、李林甫特别欣赏平卢（今辽宁朝阳）节度使安禄山。

安禄山看着老实、憨厚，实际上非常狡

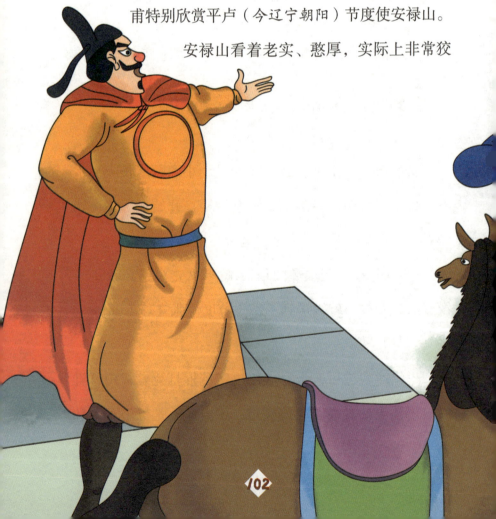

猾。他经常搜罗奇禽异兽、珍珠宝贝，送到宫廷讨好唐玄宗。他知道唐玄宗喜欢边境将领报战功，就诱骗平卢附近的少数民族首领和将士到军营来赴宴。在酒席上，用药酒灌醉他们，把兵士杀了，又割下他们首领的头，献给朝廷报功。唐玄宗对这个看着有些呆傻，但脑袋还

很灵活的胖子，喜欢得不得了。

很快，安禄山就做了范阳、平卢及河东（今山西太原）节度使，成为北方的"战区司令"。此时，他开始秘密扩充兵马，囤积粮草，打造武器。

李林甫死后，杨国忠继任了宰相。安禄山瞧不起他，杨国忠也看不惯安禄山。于是，杨国忠对唐玄宗说安禄山要谋反，唐玄宗不信，杨国忠说："口说无凭，请陛下宣召安禄山入朝，他肯定不会来。"唐玄宗派人宣召安禄山来京，谁料安禄山竟大大方方地来了。从此，唐玄宗十分相信安禄山的忠诚。

公元755年，安禄山决定发动叛乱。安禄山带领15万步兵、骑兵一路南下。一时间，道路上烟尘滚滚，鼓声震天。久未打仗的唐朝军队不堪一击，唐朝官员们也是逃的逃、降的降。

此时，华清池里，唐玄宗和杨贵妃正在"泡温泉"，忽然快马来报——安禄山造反了！安禄山的举动，无疑给华清池泼了盆凉水，让唐玄宗猛然惊醒。

杨贵妃成了"背锅侠"

故事主角：杨贵妃

故事配角：唐玄宗、杨国忠、陈玄礼、高力士等

发生时间：公元 756 年

故事起因：禁军将领陈玄礼在逃亡路上杀死杨国忠，兵将们还纷纷请求处死杨贵妃

故事结局：走投无路的唐玄宗，被迫在马嵬坡赐杨贵妃自缢

公元 756 年，据守潼关的哥舒翰惨败。当唐玄宗听到这个消息，仿如晴天霹雳。在奸相杨国忠的建议下，唐玄宗只好逃奔四川。

墙倒众人推，树倒猢狲（hú sūn）散。在逃亡的路上，不断有随从逃走，就连唐玄宗的内侍也不知了去向。后来，唐玄宗一行人到达了马嵬（wéi）坡。马嵬坡不过是一个普通的驿站。

曾经是吃皇粮的人，而今却吃了上顿没下顿，唐玄

宗手下的将士们逐渐产生了抱怨情绪。禁军龙武大将军陈玄礼早在长安时，便想除掉杨国忠。很快，他就逮到了除掉杨国忠的时机。

在此次逃跑的队伍中，还有20多名吐蕃使者。此次随众入川，吐蕃使者肚子饿得咕咕叫，只能拦着杨国忠，要他为他们的吃喝想办法。

杨国忠还来不及答话，将士中便有人大喊，说杨国忠和吐蕃使者密谋造反。这话一传开，立刻炸了窝，立马有人弯弓搭箭，"嗖"的一声射了过去，恰好射中了杨国忠的马鞍。慌不择路的杨国忠，随即策马狂奔。刚到马嵬驿西门，杨国忠便被赶来的将士截住杀死。

随着外面呐喊声不断，唐玄宗走了出来，竟然发现军队将整个驿馆都包围了。唐玄宗感到出大事了，于是问左右怎么回事，左右皆称杨国忠和吐蕃国使者密谋造反，被将士们杀死了。

唐玄宗的脑筋转得很快。他拄着手杖走上前，大力称赞众将士为国锄奸的壮举，然后命令收队撤离，但这些人根本不听皇帝的命令。唐玄宗无奈，只得让高力士去询问。

陈玄礼回答说："杨国忠谋反，他的妹妹杨贵妃也不能留下。"唐玄宗听了这话，心里咯噔一下，这可是自己最宠爱的女子啊，一时间竟然不知该怎么办。

最后，高力士说出了众将士的心里话，也灭了唐玄宗最后的希望："贵妃确实无罪，但将士们杀了她的哥哥，而贵妃在陛下身边，他们岂能安心？希望陛下仔细考量，将士们安心了，陛下才会安全。"

事已至此，如果不杀杨贵妃，看来是很难收场了。唐玄宗经过一番痛苦思索，最终只能牺牲爱妃，唯一的要求，就是留杨贵妃一个全尸。

在将士的驱赶下，杨贵妃平静地跟随高力士走上了佛堂。这一天，杨贵妃被绞杀在佛堂之上，唐玄宗最钟爱的妃子就这样死在了乱世之中。

李光弼吊打叛军

故事主角：李光弼

故事配角：唐肃宗、史思明、蔡希德、史朝义等

发生时间：公元 757 年—公元 763 年

故事起因：叛将史思明接连攻打太原和河阳，唐朝名将李光弼足智多谋，出奇制胜

故事结局：李光弼打败史思明的叛军，最终平定安史之乱

李光弼（bì）是契丹人，父亲李楷（kǎi）洛原本是契丹首领，武则天在位时归顺唐朝，被封为左羽林大将军。正所谓"虎父无犬子"，李光弼从小就擅长骑马射箭，沉着果断，是个做大事的好苗子。

公元 757 年，叛将史思明、蔡希德以十万大军围攻太原。当时留守的李光弼军队不足万人，将士们都主张加固城墙，全力坚守。李光弼动员百姓拆掉房屋做擂（léi）石车，叛军靠近则发石攻打。自负的史思明便命令筑土

山接近城墙。李光弼随后让人挖地道到土山下，这样一来，土山便自然会倒塌了，并立即派精兵出击。

史思明害怕了，留下蔡希德继续攻城，自己先逃走了。李光弼看出叛军力量削弱，军心动摇，便抓住这一时机，组织主力军奋勇出击，史思明的军队迅速溃败。

公元 759 年，史思明杀

了安庆绪，改范阳为燕京，自称大燕皇帝。不久，史思明整顿人马准备攻打洛阳，唐肃宗命令李光弼去攻打叛军。李光弼到了洛阳，决定撤出洛阳。

史思明进入洛阳后，发现是一座空城，不明白李光弼葫芦里卖的什么药，只得率军到河阳南面与唐军对阵。史思明为了炫耀自己兵强马壮，每天把战马牵到河边洗澡。李光弼便心生一计，命令将500多匹马集中起来，把小马关在马厩（jiù）里，等史思明放马洗澡时，把母马赶到城外。母马思念小马，便嘶叫起来，而史思明的马听到叫声，立即挣脱缰绳，撒了欢地洇（qiú）过河来。

史思明一下子失去了上千匹好马，气得牙根直痒痒，立即纠集几百条战船，前面以火船开路，准备把唐军的浮桥烧掉。李光弼命令士兵准备几百条粗长的竹竿，用铁甲裹扎竿头。待叛军的船靠近后，唐军几百条竹竿一齐顶住火船，火船无法靠近，很快便烧沉了。唐军又在浮桥上发射擂石机关炮攻击叛军，叛军死伤无数，仓惶逃窜。不久，李光弼打败了史思明。

后来，史思明被他的儿子史朝义杀死。公元763年，史朝义兵败自杀，安史之乱就此落下帷幕。

醒木一响，评书开场！
品茶听书，为你讲述有滋有味的隋唐传奇；
真真假假，权且当茶余饭后的谈资……
今天，我要给大家讲的是——钟馗赶考！

钟馗赶考

相传唐德宗年间，终南山有一个出身贫寒的书生，名叫钟馗（kuí）。钟馗自幼饱读诗书，能文能武，但他的相貌很丑。

一年秋天，皇帝开科取士，钟馗来到京城赶考。他在街上看到一个测字算卦的卦摊，要求测字先生给他算算。测字先生拿出纸笔，说："好吧，你在上面随便写一个字吧。"钟馗提起笔来，写了自己名字里的"馗"字。测字先生拿过来一看，摇了摇头。

钟馗一见，忙问道："先生，难道我无法高中吗？"测字先生说道："不是的。相公此次考试，必能金榜题名，但可惜你时运不济。这个'首'字被抛在了一边，恐怕不久会有大祸。"

后来，钟馗确实考中了第一名。德宗皇帝便下旨，召钟馗上殿面君。钟馗来到金殿上，叩谢皇恩。德宗一看他的长相，不由得皱起眉头来。

德宗身边有个奸臣，看出了皇帝的心思，便说："万岁，我朝人才众多，如此丑陋之人，如果点为状元，恐怕世人会笑我朝中无人啊！"

主考官听了，连忙反驳道："皇上，人才的优劣，不在他的相貌。希望皇上三思，切莫以貌取人。"

奸臣听了，说道："新科状元应该内外兼修，如今考生人数众多，何不另选一个呢？"钟馗听了，指着他大骂道："你这个昏官！有你这样的官在朝廷，岂不误国！"说罢，就挥拳向他打去。

德宗一见，非常生气，说道："大胆举子，竟敢在金殿之上放肆！如此之人，不要也罢！"说完，御笔一挥，便削去了钟馗的状元。钟馗一怒之下，拔出了旁边护卫的宝剑，自杀而死。

　　德宗见钟馗死了，不免有些后悔。于是他颁（bān）下旨意，封钟馗为驱魔大帝，降妖除魔，打鬼驱邪。

此人实在太丑陋了。

113

知识补给站

安禄山的名字有着怎样的由来？

安禄山，本姓康，字轧荦（zhá luò）山（古突厥战神之名）。其父是康姓胡人，母亲是个突厥族的巫师。相传，其母多年不生育，便去向扎荦山祈祷，于是在公元703年感应生子，故名轧荦山。安禄山父亲死得早，其母改嫁于突厥族姓"安"的将军，他也改名安禄山。

唐朝的节度使是一种怎样的官职？

朝廷在边镇设置节度使，作为常设的军事长官。开元年间，设置的节度使越来越多。公元742年，全国共设了十道节度使，领兵40万。节度使逐渐成为集行政、财政、军事大权于一身的最高长官，由此埋下了藩镇割据的祸根。

"梨园弟子"的称谓是怎么来的?

唐玄宗李隆基喜欢音乐,精通音律。为了培养更多的音乐人才,他亲自在全国挑选了300名青年子弟,安置在皇宫里的梨园中。每当闲暇时,李隆基就亲自教他们演奏乐曲,称这些乐工为"皇帝梨园弟子",这就是"梨园弟子"的由来。后来,"梨园弟子"与戏曲艺术联系在一起,成为艺术组织和艺人的代名词。

杨贵妃究竟是怎么死的?

关于杨贵妃的死,历朝历代有各种说法。主要有四种说法:第一种是在随驾将士的联合请求下,唐玄宗在马嵬坡将杨贵妃赐死;第二种是杨贵妃自缢死于佛堂中;第三种是杨贵妃为乱军所杀,死于兵刃之下;第四种是杨贵妃吞金而死。杨贵妃的死,现在仍然是历史的未解之谜。

第 **6** 章
大唐走向了下坡路

有言在先

安史之乱后，大唐王朝似乎陷入了魔咒，走向了下坡路。藩镇割据越来越严重，各地节度使当起了土皇帝。大唐的皇帝们企图削藩，要么碰一鼻子灰，要么选择忍让放纵，只有唐宪宗在削藩上取得了一些成绩。

藩镇割据还没彻底解决，宦官们又成为政坛的新宠，逐渐成为权倾朝野的顽固势力，皇帝们要么被害死，要么被挟制，大唐也走向了衰落。

故事万花筒

因考试引发的争斗

故事主角：李宗闵、牛僧孺、李德裕

故事配角：唐宪宗、李吉甫、唐穆宗、钱徽、唐文宗、唐武宗、唐宣宗等

发生时间：公元 808 年—公元 846 年

故事起因：以牛僧孺、李宗闵为首的"牛党"，和以李德裕为首的"李党"，两派相互倾轧 40 余年

故事结局：唐宣宗时，牛李党争结束，唐王朝也日渐衰落

　　公元 808 年，长安举行了一场特殊考试，选拔直言敢谏之人。在参加考试的人中，有两个下级官员，一个叫李宗闵（mǐn），另一个叫牛僧孺（rú）。两人在考卷里批评了宰相李吉甫的一些治国方略。考官觉得两人符合选拔条件，就把他们向唐宪宗推荐了。

　　宰相李吉甫是个士族出身的官员，现在出身低微的李宗闵、牛僧孺居然敢对朝政大加指责，令他很是生气。他在唐宪宗面前说，这两人被推荐，完全是因为跟考官有私人关系。唐宪宗对李吉甫的话深信不疑，就把几个

考官降了职，李宗闵和牛僧孺也没有得到提拔。

李吉甫死后，他的儿子李德裕做了翰林学士。那时候，李宗闵也在朝做官。李德裕对李宗闵批评他父亲这事件，仍旧记忆犹新。

唐穆宗即位后，又举行了进士考试。有两个大臣因为有熟人应考，就想走后门，但是考官钱徽（huī）没卖他们人情。正好李宗闵有个亲戚应考，结果被选中了。大臣们就向唐穆宗告发钱徽给考生开了绿灯。唐穆宗问李德裕，他便谎称有这样的事。唐穆宗于是降了钱徽的职，李宗闵也被贬到外地去做官。

李宗闵自此恨透了李德裕，而牛僧孺当然同情李宗闵。从这以后，李宗闵、牛僧孺就跟一些科举出身的官员结成一派，李德裕也与士族出身的官员拉帮结派，双方明争暗斗得很厉害。

唐文宗即位后，李宗闵利用宦官的门路，当上了宰相。李宗闵向唐文宗推荐牛僧孺，把牛僧孺也提为宰相。这两人一联合，李德裕就没好日子过了，不久就被调出京城。

唐文宗是个骑墙派，一会儿用李德裕，一会儿用牛僧孺。一派掌了权，另一派日子就不好过。两派势力就像走马灯似的轮流转换，把朝政搞得十分混乱。

唐武宗即位后，李德裕又当了宰相。他竭力排斥牛僧孺、李宗闵，把他们都贬谪到南方，自此又扳回一局。

公元846年，唐武宗病死，宦官们立唐武宗的叔父李忱（chén）即位，就是唐宣宗。唐宣宗对唐武宗时期的大臣全都排斥，即位的第一天，就把宰相李德裕给撤职了。这以后，牛李两派的领头人相继去世，朋党终于停息下来。

坐吃山空的啃老族

故事主角：唐懿宗

故事配角：诸王、乐工、优伶、大臣等

发生时间：公元 859 年—公元 873 年

故事起因：唐懿宗吃喝玩乐，挥霍无度，将唐宣宗时代的家底挥霍一空

故事结局：唐懿宗最终病死，大唐王朝进一步走向衰落

公元 859 年，唐宣宗死后，李漼（cuǐ）即位，是为唐懿（yì）宗。然而，在他的身上丝毫看不到唐宣宗的影子。唐懿宗每天饮酒作乐，奢侈无度，肆意玩乐、出游，行事完全跟着个人的感觉走。为了满足他玩乐的欲望，他在宫中养了五百名伶（líng）人（乐官），有时还夜以继日观赏这些人的表演。

为了玩乐，唐懿宗还时常在宫中举办各种宴会，甚至达到了每日一小宴，三日一大宴的程度。唐懿宗的宴

会有时是和百官宴饮，有时是和诸王、嫔妃们聚餐，这些宴会都十分新颖奇特，经常会出现水陆瑰奇、山珍海味，可想而知，这样的宴会也都花费巨大，大量消耗了国家的财富。

有时唐懿宗兴致来时，他会带领随从和亲王们外出巡游。唐懿宗一旦决定出游，是说走就走，不允许有丝毫的耽搁，因此宫中负责皇帝出游的官员，经常被弄得手足无措。为了做好后勤保障，他们会准备好皇帝出游时需要的乐工、乐器、道具、饮食、帐幕等，以便皇帝可以随时出发。至于那些可能陪同皇帝一起出游的诸王，更是时刻都处于待命状态。

唐懿宗每次出行的场面都十分宏大，他的随行人员众多，其中单是乐工、优人等就有五百人，军士更是有三千人，车马有一百辆，其中盛装着用于赏赐的金帛的车就有五辆，这些车中所装的钱至少有十万。

这样豪华的阵容花费是非常昂贵的。对于唐懿宗的挥霍，很多大臣曾上书劝谏，希望他能减少开支，但是唐懿宗对于这些意见完全不理睬，依然我行我素，过着他的巡游生活。

公元 873 年 3 月，唐懿宗下令安排迎奉佛骨，立即招致群臣的劝谏。大臣们认为此举是劳民伤财，而且有唐宪宗迎奉佛骨之后暴死的前车之鉴，均认为此举不祥。但唐懿宗却充耳不闻，他对大臣们讲："朕能活着见到佛骨，就是死了也没有什么遗憾了！"这次迎奉佛骨的规模，比起唐宪宗时期是有过之而无不及。

　　具有讽刺意味的是，佛骨真身舍利并没有给这个倒行逆施的皇帝带来福气，不久，唐懿宗就病死了。

唐僖宗，快乐的"散财童子"

故事主角：唐僖宗

故事配角：唐懿宗、刘行深、韩文约、石野猪等

发生时间：公元 873 年—公元 888 年

故事起因：唐僖宗专事游戏，不理朝政，导致唐朝的政局更加混乱

故事结局：唐僖宗享尽了富贵，旧疾复发而死

公元 873 年，唐懿宗病得起不来床，就想把后事安排好。谁料在宦官们的操作下，他和外界彻底失联了。此时的唐懿宗，叫天天不应，叫地地不灵，只能乖乖等死。

早在唐懿宗病危的当天，权力最大的两个宦官刘行深和韩文约就开始考察哪一位皇子适合成为他们掌控的新君。他俩逐一考察了一遍，发现普王李儇（xuān）既年幼又贪玩，没啥能力，后台也不硬，是个理想的人选。于是他们立李儇为太子，杀掉了唐懿宗其他的儿子。

唐僖（xī）宗登基时只有 12 岁，国家大事也全都交

给了臣子，他每天所做的事就是不停地玩，这也是他庙号为"僖宗"的原因。正因如此，唐朝的政治变得更加混乱。

唐僖宗的日常生活要么是吃喝玩乐，要么是走马斗鹅，就是没有国家大事。而且他在玩的方面十分博学多能，他玩什么精什么，像骑术、射箭、击剑、音律、**蒲博**（pú bó；古代的一种博戏）、**蹴鞠**（cù jū；我国古代的一种足球运动）、斗鸡、斗鹅、下棋等，唐僖宗无一不是高手中的高手。

唐僖宗十分擅长蹴鞠，他身边有一个叫石野猪的人，很得唐僖宗的欢心，常常陪他玩乐。有一天唐僖宗得意地说："如果设击球进士，朕去应试，一定会获得状元。"石野猪答道："陛下前去应试，要是碰到尧、舜当主考官，恐怕陛下就要落第了。"面对石野猪的讽谏，唐僖宗只是笑笑，没有解释，也没有怪罪。

唐僖宗不仅沉迷于游戏，还是个"散财童子"。玩到高兴时，他经常将大量的黄金珍宝赏给陪他玩耍的人。唐僖宗曾经和诸王比赛斗鹅，其中一只鹅的赌注竟高达五十万钱。至于给别人的赏赐，更是动辄千万钱。面对

126

挥霍无度的唐僖宗，本就空虚的国库完全无法承受。

一看赌资不够了，大宦官田令孜（zī）给皇帝出了一个馊主意——将京城两市商人的货物都征调过来。当时的两市指的是京城中的两大贸易区东市和西市，在唐朝时期，中国的商业贸易十分繁荣，在集市上宝货堆积如山。一听到这个主意，唐僖宗两眼放光。

为了充实国库，唐僖宗不顾后果地下令实施。这引起了很多商人的反对和不满，对于这种情况，唐僖宗命令宦官作为监视人，在现场监视那些商人，有谁不服就将他捆起来，送到京兆府中乱棍打死。

公元 888 年初，唐僖宗旧病发作，没有多久就不治身亡了。唐僖宗在位 14 年，朝政黑暗，战乱纷起，生灵涂炭，而这个玩乐皇帝也在享尽了富贵后，一命呜呼。

蓝采和的传说

在八仙之中，有一位神仙，无论长到多少岁，都是小孩子的样子，这就是蓝采和。

据说蓝采和是唐朝人。他从小跟爷爷学习医术，18岁便成了一位医生。有一天，他去山上采药草，看到有位老人正卧在池塘的边上。他的肚子上长了一个很大的毒疮（chuāng），黑黑的脓血流了出来。蓝采和一看这种情况，连忙为老人诊治。他用手挤疮，但挤了半天，脓血还是出不来。蓝采和非常着急，索性用嘴把脓血吸了出来。

吸完脓血，他把自制的药膏贴在了老人的伤口上。他刚松了一口气，没想到老人的伤口又流出血来。蓝采和愣住了，这种药膏是他研制出来的，百试百灵，怎么这次会不管用呢？

蓝采和正想着，老人忽然睁开了眼睛，冲着他喊道："傻瓜，伤口流血了，还不赶快去河边，用篮子给我提点水来洗洗啊！"

蓝采和连忙拿上竹篮，跑到河边，刚想要打水，却忽然反应过来，竹篮子怎么可能打上水来呢？他把篮子放进河里，提上来，用最快的速度跑回老人的身边，却还是没有剩下几滴。

老人又对他喊道："用水塘里的泥糊在篮子上，不就行了吗？真是笨蛋！"蓝采和照老人说的，又去提了一回，这回水倒是提上来了，但是水跟泥一混，变得十分混浊。

正发愁的时候，蓝采和听见一个清脆甜美的声音说："蓝大夫，为什么不试试用荷叶呢？"蓝采和回头一看，是一位端庄秀美的女子，正朝着他微笑。

蓝采和恍然大悟，连忙按照女子所说的方法，摘下了几张宽大碧绿的荷叶，垫在篮子里面，提了一篮清澈的水来。他把水轻轻地泼在老人的伤口上，老人的疮立刻不见了，皮肤完好如新。蓝采和非常惊讶，张着嘴，望着老人。

　　老人微笑了，指着荷花塘中的水说："喝一口吧，看看是什么？"蓝采和走到荷塘边，用手掬（jū）起一捧水喝了下去。顿时，一股奇异的清香，沁入他的五脏六腑。蓝采和的身体变得轻飘飘的，似乎能随着云气上下飘动。这时候，那老人已变成了一位身材高大、手拿蒲扇的仙人，刚才的那位女子，手里拿着一朵荷花，站在他的旁边。他们两人正站在半空，脚下是五色祥云。蓝采和这才明白，原来这是两位仙人，特意来试验他的。

　　这两位仙人，就是八仙中的汉钟离和何仙姑，他们是特地来度化蓝采和成仙的。从此，蓝采和也成了八仙中的一员。

知识补给站

"藩镇割据"是怎么回事？

"安史之乱"后，部分节度使凭借手中的兵权、财权和中央政权相对抗。叛乱的降将割据一方，他们不受中央政令的控制，而且彼此间不断征战。在唐中后期，藩镇势力与中央政府的势力互有消长，当中央政权比较强大时，就会想方设法打击藩镇；中央政权比较弱小时，藩镇就会更猖狂一些。

你知道"甘露之变"这一历史事件吗？

公元835年，唐文宗不甘为宦官控制，策划诛杀宦官，以夺回皇帝的权力。不久，唐文宗以观露为名，将宦官头目仇士良骗至禁卫军的后院欲斩杀，被仇士良发觉，双方进行了激烈战斗。结果，很多朝廷官员被宦官杀死，其家人也受到牵连，受牵连被杀的有一千多人，史称"甘露之变"。

唐朝的"两税法"是什么？

"两税法"指唐后期实行的赋税制度。公元780年，唐德宗接受宰相杨炎的建议，实行两税法。两税法是以原有的地税和户税为主，统一各项税收而制定的新税法。由于分夏、秋两季征收，所以称为"两税法"。两税法是对当时赋役制度较全面的改革。两税法的实行，使农民所受的剥削更重了。

佛骨具体是什么东西？

佛骨，又称佛舍利，或单称舍利，或以佛身部位而称佛顶骨、指骨、佛牙。经上说，舍利子是一个人透过戒、定、慧的修持，加上自己的大愿力，所得来的，它十分稀有、宝贵。

第 7 章

朱温来了，大唐没了

有言在先

唐朝末年，天下乱成一锅粥。霸道横行的宦官们，成了朝堂上的决策者。朝廷外，很多手握军权的节度使各怀鬼胎。挣扎于死亡线上的百姓们，痛苦地承受着人祸天灾。在此起彼伏的农民起义中，整个天下开始四分五裂。在各方割据势力的蚕食中，大唐日渐名存实亡。当一代枭雄朱温篡唐自立，大唐王朝最终消失在了历史的尘埃中。

两个盐贩子闹革命

故事主角：黄巢

故事配角：唐僖宗、王仙芝、田令孜、朱温、李克用等

发生时间：公元 874 年—公元 878 年

故事起因：唐末政治腐败，民不聊生，导致了王仙芝、黄巢等领导的农民起义

故事结局：黄巢起义失败，沉重打击了唐朝政权，大唐名存实亡

　　唐朝末年，接连出现不着调的皇帝。皇帝不作为，百姓可就遭了殃。唐僖宗初年，河南、山东一带连年天灾，庄稼颗粒不收，而官府只知搜刮盘剥，不管百姓死活。

　　哪里有压迫，哪里就有反抗。公元 874 年，有个盐贩子首领王仙芝，一怒之下带领几千农民，在长垣（今河南）起义。王仙芝发出告示，揭露朝廷的种种罪恶，很快就得到贫苦农民的响应。一看有同行做榜样，冤句（今山东曹县）地方的盐贩子黄巢也拉起了队伍。

单丝不成线，独木不成林。为了"做大做强"，黄巢和王仙芝两支起义队伍干脆合并了起来，继而转战山东、河南一带。王仙芝向西，黄巢向东。不幸的是，王仙芝后来打了败仗，死了。

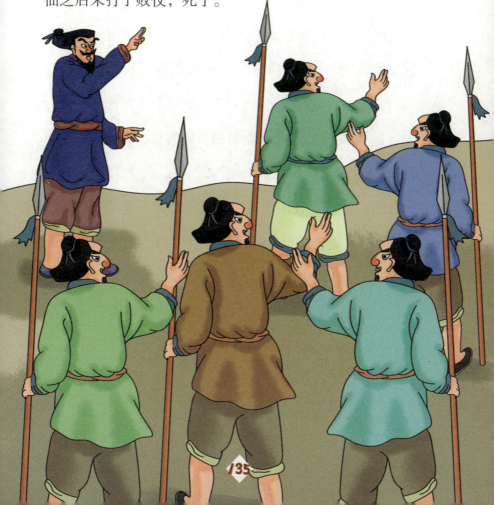

王仙芝死后，起义军就推黄巢为王，又称冲天大将军。黄巢带兵南下，一直打到广州。起义军在广州休整后不久，岭南地区发生了瘟疫（wēn yì；流行性烈性传染病），黄巢于是决定挥师北上。

公元880年，黄巢统率60万大军攻下了潼关，唐王朝害怕了。唐僖宗和宦官头领田令孜吓得向成都逃去。

过了几天，黄巢在长安大明宫称帝，国号大齐。但是，黄巢犯了一个低级错误，起义军因长期流动作战，攻占过的地方，都没留兵防守。等起义军占领长安后，四周还是官军势力。唐朝很快便调集各路兵马，把长安围住。

最要命的是，在起义军最困难的时候，驻守同州（今陕西大荔）的起义军将领朱温却做了叛徒，投降了唐朝。

此时，唐僖宗任用李克用父子攻击黄巢军，取得成效。唐军又与忠武、河中、义武等军合力攻击黄巢军，不久收复长安。黄巢带领起义军撤退到河南。

公元884年，黄巢在泰山狼虎谷兵败遇害，轰轰烈烈的黄巢起义就此结束。土崩瓦解的唐朝已名存实亡。

醉酒天子，一觉醒来变囚徒

故事主角：唐昭宗

故事配角：刘季述、崔胤、王仲先、王彦范、何皇后等

发生时间：公元 900 年

故事起因：唐昭宗诛杀宦官宋道弼和景务修，引起宦官刘季述等的密谋反叛

故事结局：唐昭宗被软禁起来，宦官刘季述立太子李裕为帝

公元 888 年 3 月，东跑西颠的唐僖宗回到长安，不久便暴病而死，结束了逃亡的一生。唐僖宗之弟李晔（yè）即位，是为唐昭宗。这个新皇帝上位之初，心里美滋滋的，很想施展一下政治拳脚。

唐昭宗目睹过宦官的嚣张，很是不爽，登基后便来个杀鸡给猴看，宦官宋道弼和景务修成了被斩杀的"代表"。

唐昭宗大开杀戒，引起宦官们的集体恐慌。宦官首领刘季述便与王仲先、王彦范等宦官密谋，决定来个大

闹宫廷。

公元 900 年，唐昭宗到城北打猎，收获颇丰。兴高采烈的唐昭宗当晚大宴群臣，很是开心。喝到夜半时分，**酩酊**（mǐng dǐng）**大醉**（指醉得迷迷糊糊的）的唐昭宗摇摇晃晃地回到寝宫，路上还顺手砍了几个宦官、宫女。

赶快把玉玺交出来，饶你不死！

由于喝得烂醉如泥，第二天日上三竿，唐昭宗还在呼呼大睡，皇宫的大门自然也就没有开启。刘季述一瞧，觉得这是个天大的好机会。于是，他找到宰相崔胤（yìn）说，宫门紧闭，不如进去看看吧。崔胤便答应了。没想到，刘季述却趁机调集千名禁军，将皇宫围了个水泄不通。

　　刘季述同崔胤进了宫，看到了昨夜被砍死的几个宦官、宫女。刘季述缓缓地发话了："皇上如此荒唐，如何治理国政？倒不如废了这昏君，另立太子为好。"

　　崔胤是个聪明人，立刻明白这一切都是刘季述安排

好说，好说。

好的。当他看到四周杀气腾腾的禁军时，只好唯唯诺诺地附和着。

拿住崔胤的刘季述，迅速以崔胤等朝臣的名义写了一份联名状，要求唐昭宗退位，请太子监国，崔胤只好联合百官在上面一一签名。刘季述一面召集文武百官入宫，一面授意禁军大声鼓噪。唐昭宗听到士兵的喊杀声，顿时吓得从龙床上摔下来。

刘季述看着狼狈的唐昭宗和闻讯赶来的何皇后，拿出联名状，对唐昭宗说道："陛下不必惊慌，群臣看陛下每天喝酒作乐，似乎不想做皇上了，因此百官一致建议陛下退位，请太子殿下监国！"唐昭宗嘴硬地说道："昨天和百官喝酒，只是喝多了些，怎么就弄成这个样子！"刘季述哪里容得唐昭宗分辩，逼其交出传国玉玺（皇帝专用的印章），随即将唐昭宗、何皇后等软禁起来。

收拾完唐昭宗，刘季述接着又带兵直扑太子的东宫，太子李裕还不知道怎么回事儿，就被刘季述胁迫着来到宫中，随即被立为皇帝。

小混混也能当皇帝

故事主角：朱温、唐昭宗

故事配角：崔胤、李克用、王建、唐哀帝等

发生时间：公元 901 年—公元 907 年

故事起因：朱温胁迫唐昭宗到洛阳，各个藩镇掀起了反对
朱温的浪潮

故事结局：朱温篡唐自立，杀掉唐哀帝，唐朝灭亡

朱温，本是宋州砀（dàng）山县一个偷鸡摸狗的小混混，因为劣迹斑斑，在老家待不下去了，于是加入黄巢军起义的队伍，很快成为军中的大将。后来，朱温看黄巢军打不过唐朝的军队，于是干脆投降唐朝。

公元 901 年，已是宣武节度使的朱温看准了掌控朝廷的机会。宦官头目刘季述发动政变后，朱温便和宰相崔胤联合起来，密谋除掉了刘季述。唐昭宗得以复位。

此时的唐昭宗，刚脱离狼窝，又进入了虎口。为了完全控制唐昭宗，朱温决定让唐昭宗迁往洛阳。他一面

加紧在洛阳修造宫室，一面派兵进入长安，威胁唐昭宗动身。

常言道：好汉不吃眼前亏。在朱温的胁迫下，唐昭宗只得离开长安，前往洛阳。当行至陕州时，唐昭宗便找了理由，留在了陕州。唐昭宗想趁此时机，秘密派人向李克用、王建等各地藩镇求救。不久，各地军阀纷纷起兵攻打朱温，朱

休想推脱，赶快动身去洛阳！

温只能派兵分头迎击。

朱温这下急眼了，心想敬酒不吃吃罚酒。于是他对唐昭宗采取了强硬措施，唐昭宗一行人只得匆匆动身。不久，唐昭宗在洛阳正式上朝升殿，从此完全被朱温玩弄于股掌之中。

朱温觉得，要想让皇帝听话，就要先让他成为"光杆司令"。唐昭宗从长安动身时，

随行的还有侍奉他日常起居的侍从 200 多人。朱温一夜之间将这些人全部勒死，并命早已选好的自己人，侍奉唐昭宗。唐昭宗从此成了笼中之鸟。

随着各个藩镇掀起反对朱温的浪潮，朱温决定将唐昭宗斩草除根。公元 904 年 8 月 11 日的深夜，喝得大醉的唐昭宗早早就寝。突然，急促的敲门声在宫门外响起，声称有紧急军情需面见皇帝裁决。河东夫人裴（péi）贞一打开宫门，看到的却是全副武装的士兵。原来，正是蒋玄晖（huī）等带兵闯入内宫，打算谋杀唐昭宗。

睡得正熟的唐昭宗被惊醒，他慌忙起身，穿着睡衣就想逃命——哪里逃得掉呢？结果二人一起被杀，只有何皇后逃过一劫。接着，朱温将唐昭宗的儿子、13 岁的辉王李柷（chù）扶上皇位，是为唐哀帝。

没过几年，唐哀帝也没逃过被杀的命运。公元 907年 4 月，朱温正式篡唐自立，定国号为大梁，改汴（biàn）州为开封府，定为国都。唐朝结束了 289 年的统治。

醒木一响，评书开场！

品茶听书，为你讲述有滋有味的隋唐传奇；

真真假假，权且当茶余饭后的谈资……

今天，我要给大家讲的是——福神的传说！

福神的传说

　　在民间传说的诸神之中，福神的起源很早。福神，本名叫阳城，定州北平人，是唐德宗时期的进士。他因为学识渊博，道德高尚，因此受到唐德宗的重用。后来，因为奸臣的诬陷，唐德宗将阳城贬为道州刺史。

　　唐德宗喜好**侏儒**（zhū rú；身材异常矮小的人），于是下令让各地向朝廷进贡侏儒。道州曾进贡了一个叫王义的侏儒。王义虽然不高，但头脑灵活，口齿伶俐，还会唱小调，逗人取乐，深得唐德宗的喜爱，唐德宗就下令道州每年都要向朝廷进贡侏儒一名。

道州并不产侏儒，只是当地男子的个子都很矮罢了。历任道州官员为讨好皇上，就想尽一切办法到处搜罗侏儒。毕竟侏儒是有限的，官员们就人造侏儒。他们把从贫苦百姓家抢来的，或者以很低的价格买来的幼童，放到窄小的陶罐中，只将脑袋留在外面，用这种方法抑制孩子的生长，制造出一个又一个侏儒，进贡朝廷。

阳城被贬到道州后，听说了这骇（hài）人听闻的做法，决心铲除这个恶习。每当上级要求进献侏儒，阳城就是不进贡。唐德宗多次下令责问他，阳城每次都据理力争，并上疏说："国家法典有规定，进贡本地有的东西，不能强迫进贡没有的东西。道州不产侏儒，只有极少数的矮人，所以不应该进贡。"最后，朝廷理亏词穷，不得不废除进贡侏儒的制度。

道州老百姓知道了这件事，欢呼雀跃，为感激阳城的解厄（è；灾难）赐福、为民伸冤，道州百姓建立寺庙供奉他，尊其为福神。后来，其他地方的百姓也纷纷效仿。

知识补给站

"正月十五挂红灯"的习俗是怎么来的?

唐朝末期,黄巢带领起义军攻打浑城。黄巢秘密入城打探,为一个老人所救。老人还告诉了黄巢攻城的方法。黄巢很感动,让老人扎个红灯笼,正月十五挂在房檐上。黄巢走后,老人把信息告诉了邻居,不久全城百姓都知道了,家家买红纸扎灯笼。起义军进城后,凡是挂红灯笼的大门,一律不入。自那以后,每到正月十五,家家户户都会挂起红灯。

历史上,朱温和朱全忠是同一个人吗?

唐朝末年,黄巢起义军的叛将朱温降唐后,唐僖宗诏封朱温为左金吾卫大将军,并赐名"朱全忠",后又授宣武节度使,他成了握有重兵的军阀。因此,朱温和朱全忠是同一个人。

"白马驿之祸"是怎么回事?

公元 905 年,朱温大肆贬逐朝臣,紧接着又在白马驿把 30 多位被贬的大臣全部杀死,尸体全部投入河中,史称"白马驿之祸"。这次事件以后,朱温在政治上的阻力已经全部铲除。公元 907 年,朱温逼迫唐哀帝禅位,自己当了皇帝,改国号梁,定都开封,他就是梁太祖。五代的历史就此开始了。

你听说过书法中有"颜筋柳骨"的说法吗?

"颜筋柳骨",分别指唐代书法家颜真卿和柳公权的艺术特色。"颜筋",指的是盛唐书法大家颜真卿的书法苍劲厚重,筋健丰满;而"柳骨"指其后的书法家柳公权的书法遒劲有力,可与颜书相媲美。后人称之为"颜筋柳骨"。